になる。この間に教育界の用語としては広く普及したものの、その反面でその意味は時を経ても混乱の度を増すばかりでいっこうに確定する気配がない。「学校経営」に加えて「教育経営」という用語が使われるようになったことが、この混乱に拍車をかけている。

「教育経営」という用語は法令用語ではない。日本教育経営学会は「創設以来、『教育経営』を鍵概念として」きたと称しているが、60年以上経った今日でも鍵概念について学会としての明確な定義がなされておらず、各人が恣意的に使っているというありさまで、「高い学術性」を強調する学会に似つかわしくない状況にある。

これまでなぜか見落とされ、あるいは故意に見逃されてきた嫌いがあるが、「教育経営」という鍵概念自体の混乱をはじめ、研究の対象領域および研究方法の未整理など教育（学[illegible]子が学校教育の混乱に関して一端の責任があることは否定できないように[illegible]はなはだ僭越ではあるが、問題点と課題を指摘し、私見を率直に[illegible]

本書が[illegible]になり、学校経営論ないしは教育経営学が当面する問題の解決[illegible]

なお、読者のなか[illegible]し過ぎると思われる方がおられるかもしれないが、そうだとすれば日本教育経営学会発足の頃にやがて学会の中心となって活躍する人材を輩出した東京教育大学教育学部で学校経営・学校教育講座の非常勤講師を務め、隣接する教育行財政講座の助教授をしていたという個人的な事情に由来するといえよう。

当時、教育経営学会の創設に当たられた方々が職場の上司・先輩であり、後に学会の会長となるお歴々はまだ大学院や学部の学生だった。そうした立ち位置から無意識のうちに言いたいことを遠慮なく言い合った半世紀前の昔に戻っているところがあるのかもしれない。したがって他意はないので失礼の段はご容赦いただきたい。

なお、本書の主要部分は雑誌『教職研修』２０１９年９月号～２０２１年11月号に「学校の経営と管理」と題して連載したものであるが、かなり大幅な加筆を行っている。雑誌連載から福山孝弘社長をはじめとする教育開発研究所の各位、とりわけ岡本淳之『教職研修』編集長にはたいへんお世話になった。記して感謝の意を表したい。

２０２４年春

市川昭午

学校経営学への期待

市川昭午
SHOGO ICHIKAWA

教育開発研究所

はしがき

学校教育に関してはさまざまな研究分野があるが、本書はそのうち学校経営論あるいは教育経営学などと呼ばれる分野における研究について私の見解を述べたものである。

改めて詳説するまでもないと思うが、学校教育に関する論議には学校の役割や機能を外部から考察するものと、学校の内部に立ち入って教育活動の実態を究明するものとがある。通常、前者では学校教育の段階や系統など学校体系の問題、後者では教育課程の編成や学習指導など教育内容・方法論の問題が主要な対象とされる。

そうしたなかで学校の管理・運営を主題とする学校経営論は、学校外部からの視点に基づく制度論と内部で論議される実践論とをつなぐ役割を担っている点で、多方面にわたる学校論の中核と見ることができる。にもかかわらず、この重要な分野に関する研究が傍から見て混乱したままになっていることは、周辺に位置する研究者として看過できない。

我が国教育界で「経営」という用語が使われるようになってからすでに1世紀以上

学校経営学への期待

目次

第Ⅰ章 〝経営〟の氾濫と「経営」の欠落

第Ⅱ章

用語の混乱と整理の失敗

終章

学校経営学への期待

第Ⅰ章

〝経営〟の氾濫と「経営」の欠落

1 学校に経営はあるのか

〝経営〟がひしめき合う学校

一般世間のごく常識的な人たちが学校という空間に足を踏み入れて驚きあるいは当惑することの一つは、〝経営〟という用語が頻繁に行き交っていることであろう。そう感じられるほど我が国の教育界には〝経営〟という言葉が氾濫している。「教育活動」や「生徒指導」などで足りるところにまで、なぜか〝経営〟という語句が追加される。

これは学校現場と称される公立小・中学校等に限られた現象ではなく、初等中等教育と関係する教育学界にも共通している。この学校にかかわる〝○○経営〟という言葉は明治から大正に入る頃、今から120年ほど前から教育関係者の間で使われはじめたようであるが、以来この用語は教育界で増殖を続け、今では学校内に〝経営〟がひしめき合っている。

〝経営〟は学校単位の運営にとどまらず、学校内部のさまざまな活動にも使われている。教育課程の経営、生徒指導の経営、進路指導の経営、特別活動の経営、学年・学級の経営、教師教育の経営、生涯学習の経営、教科の経営などがそれである。それに加えて主体が不明の教育経営という用語もあれば、スクール・マネジメントなどカタカナが使われることもある。

こうしたことは教育関係者には周知のことで改めて取り上げるに値しないと思われるかもしれない。しかし、学校内では当たり前のように使われているこの種の用語も、学校の外ですんなり通用するとは限らない。というのも、公立学校などで使われている〝○○経営〟は、世間で一般的に用いられている「経営」と意味が違うからである。

この〝経営〟は教育界で自然発生した用語であるため、学校現場における使われ方を知る必要がある。そこで、東京都の公立小・中・高校の校長たちが中心になって編集・執筆した学校経営に関する用語集を見てみると、次のように説明されている(1)。

「従来、学校における人的・物的施設等を総合的に規制し、統制し、調整して学校の目的、学校教育の目標を効果的に遂行する機能ないしは作用を論ずる場合に、学校経営または学校管理という用法を、明確な区別もしないままに交錯的に使用していた。もともと両者は類似した機能、作用をもつもので〈中略〉両者を峻別《しゅんべつ》することは困難である」。

「法規的・規制的立場からは、学校管理という用法を用いるのが一般的である」が、「公立学校を1つの独立した経営体としてとらえ、各学校の置かれる地域性、児童・生徒の実態、父母の願いなどを勘案の上その学校の教育目標を定立する。そして全人教育の面から、この目標を効果的に達成することに連なる一連の機能、作用を積極的に解して、『学校経営』という用法を意図的に用いる傾向」、さらには国、都道府県、市区町村の政策等と「調和させた『学校の経営管理』という用法を用いる場合がある」。

学校で使われる〝○○経営〟のうち学校管理や学校経営の場合は一般世間の用法と若干違うなという程度の感触であるが、学級経営、学年経営、教科経営となると、我々が日常的に言う経営とは全く別のものである。この辞典では次のように説明されているが、これを読んでもなぜ経営と称する必要があるのか部外者には全く理解できない。

学級経営は「学校の諸目標に到達させるための教育が、適切に行なわれるように、学級の諸条件を整備・改善・処理する営み」、学年経営は「校長の意図する学校経営面における学校としての一貫性と、学級の独自性とを調整する機能をになう」。教科経営に関しては「教科指導の要点は、知識および技能の習得を通して、人間育成を実現することで、具体的には、学習指導要領に示された目標を達成することである」。

世間とは違う教育界独自の意味に使うのが悪いというのではないが、保護者や地域住民との交流を円滑にしたいのであれば言葉の意味も同じにした方がよい。他方で常日頃「地域社会に開かれた学校経営」の必要を口にしているだけに、なぜ世間に通じにくい学校方言を使うのか理解できない。

よく「学校の常識は世間の非常識」などと言われるが、これもその一つに数えられよう。このことと関連して私にも個人的な体験が二つある。

一つはもはや半世紀以上も昔のことになるが、中小企業の経営者とおぼしき中年男性から質問を受けたことがある。それは、学校の教員たちは金に縁の無いことにまでなぜ〝経営〟という言葉をつけるのかというものであった。恐らく自分の子どもの関係でPTAなどに出席して奇異に感じたのであろう。

もう一つは、それから十数年後に東京工業大学出身の研究者から愚痴をこぼされたことである。国立教育研究所という畑違いの職場に勤務することになった彼は一つくらい教育関係の学会に入っておかなくてはと考え、日本教育経営学会に入会した。それは教育経営学が東工大の経営工学に近いと思ったからであるが、全く違っていたというのである。

そうした体験から、改めて教育界で何気なく使われている〝経営〟関連の用語を検討してみた。その結果、以下のような疑問が次々に出てきた。

学校〝経営〟の七不思議

第一に、〝学校経営〟ないしは〝教育経営〟という用語、〝学校経営論〟という名の論説ないしは〝教育経営学〟と称する学問における〝経営〟は、通常の意味の「経営」とはいささか意味を異にする。日本語で経営といえば端的には営利事業を指すのが普通だからである。

むろん営利を伴わない事業や行政組織を対象とする公共経営（public management）も存在するが、経営という以上は少なくとも事業の経済的側面を含むのが一般的であろう。ところが、学校教育は本来営利を目的としない事業の典型とみなされているだけではなく、公立学校の場合は事業経営には不可欠な資金の調達もしないのが普通である。

第二に、それとは逆に学校経営などと題する論説あるいは教育経営などと称する学説は経営の実を伴っている教育事業を対象外に置いているだけでなく、不思議なことに資金調達の活動を伴う点でより学校経営と呼ぶにふさわしい活動をほとんど視野に入れていない。

学校法人による私立学校の経営、国立大学法人による国立大学や公立大学法人による公立大学の経営、株式会社や非営利法人などによる学校経営がそれである。その結果、学校経営と称するにふさわしくないものが学校経営と呼ばれ、本物の学校経営が関係学会では無視ないしは軽視されるというおかしな状況が生まれている。

第三に、学校経営論あるいは教育経営学を論じているのは主に教員養成に携わる大学教員であり、そこで研究の対象とされているのはおおむね初等中等教育の学校である。とくに義務教育である公立の小・中学校が中心で、専修・各種学校はもちろん国・公立の学校でも大学、短期大学、高等専門学校等はほとんど対象外となっている。

学校管理論は学校経営論より早くから存在していたが、戦前の学校管理論は主に師範学校の教科書であり、対象も小学校に限定されていた。戦後の学校経営論はそうした戦前の学校管理論を批判することから出発したはずであるが、実際には義務教育学校を主要な対象とするのをはじめ、伝統的な学校管理論の遺伝子を濃厚に引き継いでいる。

第四に、論者によって若干程度の差はあるものの、教育経営論がいう経営は学校内部にとどまらず、学校の外部にも拡大された。しかし、社会教育や家庭教育などにまでかかわるのは、教育経営というよりは教育行政であろう。

吉本二郎日本教育経営学会元会長も「『一つの学校』の枠をはずして、諸学校の経営とすれば、学校経営の主体は学校の設置者となるであろう」(2)と述べているように、地域内の教育諸施設や活動を統括するのは、教育経営というよりは教育行政と称されるべきである。

第五に、前述したように学校の諸活動が〝経営〟で覆い尽くされ、学校には〝経営〟がひしめき合っているが、「生徒指導の経営」「進路指導の経営」「特別活動の経営」などは「生徒指導」「進路指導」「特別活動」だけで意味が通じ、「経営」を付する必要はない。

また、「教育課程の経営」「学年経営」「学級経営」などは「教育課程の運営」「学年の運営」「学級の運営」で足りる。にもかかわらず、なぜ「○○（の）経営」と称する必要があるのか、あるいはそのように称したがるのか、理解に苦しむ。

第六に、学校内の諸活動がことごとく経営だとすれば、学校内は経営者ばかりで労働者は一人もいないという状態が生まれてくる。改めて説明するまでもないことだが、経営を行う者は経営者にほかならないから、学校内の諸活動がすべて経営活動だとすれば、学校教職員のほとんど全員が経営者ということになってしまう。

そう考えてみれば、これまで数十年にもわたって緊急対応の必要性が叫ばれながら学校教職員の働き方改革がいっこうに進展しない理由の一つがそこにあることが理解できよう。逆にいえば、教員の働き方改革が成功を収めるには、彼らが有する経営者意識の払拭が前提となるということである。

第七に、学校の内外に〝経営〟が氾濫し、経営者がひしめく反面で誰が経営の担い手であるのかがわからない。教育と経営はいずれも機能ないし作用であって組織や施設ではないから、〝教育経営〟というだけではその主体や客体は見出せない。

学校経営であれば客体は明白であるが、その場合であっても厄介なのは公立学校に関しては経営の主体が教育委員会なのか、それとも学校長なのか、説が分かれていることである。仮に教育委員会であるとしても、小・中学校に関しては都道府県の教委なのか市町村の教委なのか、定かではない。

そもそも「経営」とは

前述したように教育界の外部にいる人々が学校内部に〝経営〟があふれていることに奇異の念を抱くのは、世間では「教育」や「学校」と「経営」とは縁遠い存在というか、結びつきにくいものと思われているからであろう。したがって、いったい「経営」とはいかなるものかを語義から検討してみる必要が生じる。

まず『明治のことば辞典』(3)を繙くと、「経営」という言葉は「中国に典拠があり、日本でも古くから建物をつくること、普請すること、また、事業を行うことの意味も、『国の経営』のような非営利的な用法がみえる。今日のような『会社・商店などの経営』は、社会制度の変化にともない明治時代から」とある。

また、『国語大辞典』(4)によれば、「経営」には次のようにさまざまな意味がある。ア)なわを張り、土台をすえて建物をつくること。イ)「物事のおおもとを定めて事業を行なうこと」。a.「政治、公的な儀式、また、非営利的な組織体について、その運営を計画し実行すること」。b.「会社、商店、機関など、主として営利的・経済的目的のために設置された組織体を管理運営すること」。ウ)「物事の準備やその実現のために大いにつとめはげむこと。特に接待のために奔走すること」。エ)「意外な事などに出会って急ぎあわてること」。オ）「工夫して詩文などを作ること」。カ）「往来すること。めぐりあるくこと」。

このうち、今日的な意味はイ）であり、そのなかでも一般的なのはb.である。現在ではそれ以外の意味で使われることはきわめて稀であろう。「経営学・経営管理・経営協議会・経営経済学・経営形態・経営権・経営者・経営分析」などはすべて事業経営にかかる用語であり、また、イ）のb.以外であげられている文章例がすべて太平記や今昔物語などの古文なのが、その証拠といえよう。

もっとも、より一般的に言えば、「経営」とは方針を定め、組織を整えて目的を達成するよう持続的に事を行うことと解されている。したがって、組織には非営利的なものも含まれるし、「植民地経営」というような使い方もある。

このように「経営」が広義には組織体一般の管理・運営を指すと考えられることから、公立学校にかかわって「学校経営」というのが誤りとは断定できないが、同時に日本語の「経営」が世間では経済的事業、しかも主に営利目的のそれを指すことも無視できない。

企業経営者に言わせれば

世間では「経営」と言えば主に経済的事業、とくに民間の営利的な企業経営を指し、公共施設に関しては「運営」という用語を使うのが一般的である。学校経営について当事者の一人である久保千春九州大学学長は、この両者を次のように区分している。「経営とは、事業目的を達成するために継続的・計画的に意思決定を行って実行に移し、事業を管理・遂行することとされている。〈中略〉一方、運営とは、組織や機構などの今ある資源（人、物、金など）の機能を働かせ、うまく機能するように組織をまとめて動かすことである。国の行政機関や国立の機関等の公的機関では、運営がなされ、利益を追求する民間企業では経営が重要とされている[5]」。

ここでは「運営」と「経営」が違うところを、自ら資源を調達するのではなく、「今ある資源」を上手に使って組織を動かす点に見出している。これについては、国立大学も法人化以降は資金調達を求められるようになったし、構造改革特別地域では株式会社立の学校も認められている、といった反論もあろう。

といっても、国・公立大学の法人化はなお建前的なところも残っているようであり、株式会社立の学校は特定地域における例外的存在でしかない。そうした状況下にあって学校教育であると同時に経済的な事業の面も有しているのが私立学校の経営である。私学関係団体の業界紙などを見ると、第一面トップを飾るのが私学助成金や文教予算に関する記事であることが多く、私立学校にとって資金調達が最大の関心事であることがうかがえる。

このように経営にとって資金調達が重要かつ困難な課題であるためか、民間企業の経営者には私学経営でさえ企業経営とは全く違って見えるようである。

たとえば、ブリジストン出身の企業人だった大坪壇静岡産業大学学長は両者を比較して「厳しい競争に晒される企業経営者からみると、大学経営ほど楽なものはない」という。横山晋一郎日本経済新聞社編集委員が要約したところによれば、その講演要旨は次のようなものである。

「学校法人は、営利を追求する企業とは基本的に異なる様々な特典を有する。オーナーと呼ばれる理事長はいるが、所有権は法律的には裏づけられていない。配当責任はなく、株主総会を気にする必要がない。固定資産税は免除、原則的に事業活動に課税されない。国から補助金も出るし、授業料は原則前払い。年初に収入は確定し、1年間は収入の変動に一喜一憂する必要がない。年初に手にした授業料収入を取り崩しながら、1年間の経費を賄っていけばよいので、企業のように銀行から当座の運転資金をどうやって借りるかで四六時中、苦労する必要もない。授業料の滞納者は除籍処分にできるから、貸倒引当金を積んだり、代金回収や不良債権に悩むことは稀有だ。この厳しいご時世に、代金前払いが前提という極めて珍しい組織、それが学校法人だ。〈中略〉私立大学でさえこうだから、破綻の心配がない国公立大学の経営はユートピアのようなものだ」(6)。

私立学校の経営はもちろん、国・公立の大学、それに公立学校の運営にもそれぞれいろいろな悩みや苦労はあろう。したがって、企業人のこの種の言い方には同感できない向きが多いかもしれない。

しかし、公立学校の場合、少なくとも資金調達に関しては大坪が指摘するとおりであり、資金調達に走り回る必要がない公立学校関係者が「経営」という用語を乱発することに民間企業経営者が違和感をもつのも不思議ではない。

② 公立学校に「経営」はない

「経営」および教育の語義

我が国の初等中等教育界では公立学校に関して学校経営や教育経営といった用語が当然のように使われているが、これがはたして適切かどうかを判断するには、企業と学校および「経営」と教育、それぞれの意味を正しく認識することが必要とされる。

歴代の法制局長官が編者に名を連ねている『法令用語辞典』を見ると、企業とは「一定の経済的事業の遂行の目的をもって人及び物を有機的に組み合わせたものをいう。これを行う者が私人であるか国その他の公の法人であるかを問わず（国有財産法3Ⅱ4、地方公営企業法、国営企業労働関係法2）、その事業が営利を目的とするかどうかを問わない」とある。(7)

また、小学館の『国語大辞典』も企業とは「社会の生産単位として、生産、販売、サービス等の経済活動を継続して行なう組織体。出資形態により、私企業、公企業、公私合同企業に分かれる」(8)と定義している。これを見ると、企業とは必ずしも営利を目的とする必要はないが、経済的事業を行う組織体とするのが一般的であることがわかる。「経営」の主体には企業だけでなく自治体やＮＰＯも含まれるし、経営学の対象も営利目的の組織体に限らない。しかし、現代社会では企業が中心に位置しているためか、経営といえば企業が主な対象であり、経営学もまた企業を主要な領域とする。企業とは財・サービス・知識などの生産を担当する組織体であるが、はたして学校はそれに含まれるのか。

学校教育も財務や会計などの経済活動を伴うが、経済活動自体を目的としているわけではない。最近は株式会社立の学校も認められるようになったが、これまでのところあくまでも例外的存在にとどまる。まして法人化されていない公立学校の場合には出資等の行為も伴わず、企業のイメージとはほど遠い。

次に、教育とは何かについては本質論的な議論もあり得るが、諸説が並立して混乱に陥る危険があることから、それを避けて機能論的な定義をするなら、最広義の教育は人間を社会化する作用であろう。そうした人間形成作用を形態別に分類すると、次のようになる。

①読書・人生体験・社会経験・環境からの影響などを通じて生じる「偶発的学習」(incidental learning)。

②家庭教育や職務指導（ＯＪＴ）など、明確な形が無く未組織な人間形成作用である「無定形教育」(informal education)。

③社会教育や企業の集合教育（Ｏｆｆ-ＪＴ）など意図的・組織的活動ではあるが、

多様な形態を特色とする「非定型教育」(non-formal education)。
④学校のように定まったかたちの教育活動を行う「定型教育」(formal education)。
教育とは「人間形成を目的とした他者に対する意図的な働きかけ」であると解するなら、こうした人間形成作用のうち「偶発的学習」を除いたものが広義の教育となろう。そのなかでも組織的でない「無定形教育」には経営が伴わないから、経営の対象となるのはそれも除いた「非定型教育」および「定型教育」ということになる。

「経営」がある学校とない学校

このうち定型教育を行う施設が広い意味での学校であるが、学校経営論ないしは教育経営学が対象とするのは主に学校教育法1条に基づく学校(いわゆる一条校)である。一条校の設置者は原則として国・地方公共団体および学校法人に限定されるが(同法2条)、私立幼稚園は当分の間学校法人であることを要しない(同法附則6条)。

このほかに2002年からは特定の地域(構造改革特別区域)に限り学校教育法上の特例に基づく学校、すなわち学校設置会社立および学校設置非営利法人立の学校(構造改革特別区域法12条、13条)が認められているが、なお例外的存在にとどまっている。

このように学校の設置者は国・地方公共団体・学校法人・株式会社・非営利活動法人・宗教法人等の法人、個人と多彩である。さらに2004年度から国立大学は国立大学法人、公立大学は公立大学法人、国立高等専門学校は一括して独立行政法人国立高等専門学校機構によって設置・経営されることになった。

このうち、学校法人以下の法人・個人が設置・運営する学校は経営活動が不可欠であり、学校経営という用語が使われるのは自然である。「私立学校の興学の理念に照しても、その在り方には自主性が認められるべきであり（私学法第一章・第二章）、私的企業という観点からはその営利性も容認されるべきことは当然である」[9]。

国立学校および公立大学に関しても法人化以降は経営が論じられるようになったが、「学校経営」という用語が問題となるのは公立学校に関して使われる場合である。というのも、私立学校とは違って初等中等教育段階の公立学校に関しては、管理と運営はあっても資金調達の実態がないからである。こうした違いは法律の規定からもいえる。

私立学校法25条1項および26条1項には「私立学校の経営」という文言が見られるのに対し、初中教育段階の公立学校に関する法律に「経営」という用語は使われていない。個別の公立学校について使われているのは、「学校の運営」（地方教育行政の組織及び運営に関する法律47条の5）である。

これは設置者が違うからではなく、公立学校には経営の実態がないからである。その証拠に、国公立であっても大学等については法人化以降「経営」という用語が使われている。国立大学法人法20条「国立大学法人の経営」、地方独立行政法人法77条「公立大学法人の経営」がそれである。

以上の説明からもわかるように、同じ一条校であっても「経営」がある学校とない学校の二種類がある。「経営」があるのは私立学校および設置者が法人となった国・公立学校である。ところが、不思議なことに経営という用語が頻繁に使われるのは「経営」がある学校ではなく、「経営」がない学校である。

大学教員の間では「経営」という言葉は嫌われるか、少なくとも警戒されるのが普通であるにもかかわらず、小・中学校の教員の間では前向きに受け止めるのはなぜか。大学教員の場合は自分は経営者ではないと考えているのに対し、小・中学校教員の場合は自分が経営の主体だと思っているためであろう。

むろん、大学の教員であっても経営に責任がある学長とか副学長あるいは理事などになっていれば話は別であるが、少なくとも一般の教員で自分を経営者と思う者はまずいない。入学希望者の減少によって経営難に陥ることを危惧させられることはあっても、それを自分の責任と考える者は稀であろう。

思うに小・中学校の場合には教職員が一体となって仕事をすることが多く、必要とされる資源調達を個々人が独立して行うことが少ない。大学では学科や講座、教室などの敷居が高く、個別に資源調達の必要に迫られることが多い。その際に自分が経営者でないことを改めて自覚させられるというのが普通であろう。

教育経営の意味

それにしても「学校の管理」「学校の経営」「学校の運営」という用語は一般にも使われているだけでなく、法律用語にもなっており、意味も比較的わかりやすいのに比べ、「教育（の）経営」の意味は定かではない。類似の表現としては教育職員免許法施行規則に「教育の基礎理論に関する科目」として「教育に関する〈中略〉経営的事項」が見出される程度である。

ちなみに法人化に伴う改正以前の大学設置基準7条によれば、「教育上必要な」学科目に対し、講座は「教育研究上必要な専攻分野」であり、「国立大学の学科及び課程並びに講座及び学科目に関する省令」（昭和39年2月25日公布・平成14年4月1日廃止）に講座の名称が列記されていた。

それによると、東北大学に「学校管理」、東京教育大学に「学校教育・学校経営」、名古屋大学と広島大学に「教育経営学」の講座があったが、名古屋大学教育学部は前身が岡崎高等師範学校だった。その点では東京教育大学、広島大学と同じであり、「学校経営」や「教育経営」が教員養成系の学校に由来する用語であることがうかがえる。

一方、学科目制である教員養成大学・学部には学校経営とか教育経営などという名称の学科目はなかった。したがって、「学校経営」や「教育経営学」は教育研究上必要と認められるにしても、教員養成大学における教育上必要とされるものではなかったことになる。

こう言うと、法律にないから使ってはならないなどというのは理不尽であり、それこそ法規万能主義も甚だしい。われわれが「学校経営」や「教育経営」という用語を使うのは教育（学）的見地からである——といった反論があるかもしれないが、私もむろんその種の単細胞的な主張をしているわけではない。

「学校経営」や「教育経営」という用語は教育学者だけのものではなく、文部官僚も戦後の早い時期に使っており、「教育経営」という用語が本来的に教育の自律性を主張し、反権力的諸勢力の結集を促す合言葉であるかのような言説は疑わしい。

以下、具体的な問題点について論ずるが、それに先立って戦前の学校管理論について簡単に見直しておく必要がある。というのも、戦後の我が国教育界では戦前の学校管理が全国一律の画一的なもので、学校管理論が法規万能的だったと解され、それを根拠に学校経営の必要性が強調されてきたようであるが、この認識は必ずしも正確ではないからである。

③ 旧学制下の学校管理論

戦前小学校の実像

一口に旧学制の学校といっても、1872（明治5）年から1947（昭和22）年に至る75年間の変化は大きいし、地域による違いもあるため、戦前の学校管理運営がどれほど画一的だったのかの判断はむずかしい。ただ、はっきりしているのは以下に述べるように、学校や学級の規模、教員の資格などが今日とは著しく違っていたことである。

まず、明治前半期の小学校は寺子屋程度のものが大部分だった。1895（明治28）年度では単級38・3％、2学級25・6％、3学級15・0％、4学級8・9％、5〜9学級9・5％、10学級以上2・6％であった。当時は義務教育が4学年制だったので8割近くが単級複式の学級編制だったことになる。

1900（明治33）年度になっても30・2％が単級、22・4％が2学級で8割近くの学校が3学級以下だった。1校当たりの教員数も明治28（1895）年度2・7人、1900（明治33）年度3・5人、1905（明治38）年度4・0人であり、1910（明治43）年度でようやく6・0人という程度だった。[10]

2023（令和5）年度における小学校の1校当たり平均児童数は319人、本務教員数は22・4人で、児童数は1920（大正9）年度の337人とほぼ同じであるが、教員数は7・2人だったのと比べて3倍となっており、その他の職員を含めれば違いはさらに大きくなる。このように戦前の小学校はきわめて小規模であり、児童数が戦後と同じ程度になってからも教職員の数ははるかに少なかった。「わが国の小学校は単級編制学校（一学級）から出発し、多級編制学校へと発展した。学級が学校の原点であった」[11]と言われるゆえんである。

また、近代学制発足当時は正規の資格を有する教員（訓導）はほとんどいなかった。

準訓導、授業生等の割合は1880（明治13）年度、1885（明治18）年度で7割以上、1895（明治28）年度、1900（明治33）年度で45％、1905（明治38）年度、1910（明治43）年度でもなお3割強を占めており、大正時代になってようやく2割台となり、1割台になるのは昭和に入ってからである。

これからも知られるように、教員養成が不備だったにもかかわらず、担任する児童は多く、教員一人当たり1895（明治28）年度〜1900（明治33）年度で約50人、1910（明治43）年度〜1935（昭和10）年度頃までが約45人だった。これは2023（令和5）年度の14人弱と比べ3倍あるいはそれを上回る数値である。

このように資格不十分な教員が大勢の児童を受け持たされたことから、児童の管理が中心的な課題とされたのは当然といえよう。

伊藤和衛東京教育大学教授は、明治前期の学校管理法は「学校管理の中でも、とくに児童生徒管理が中心になっている」[12]と述べているが、当時の小学校はきわめて小規模だったことから、学校管理といっても教授法と未分化で学級管理に近いものであり、学校管理論もそうした学校や教員の実情に応えるものであった。

近代学校制度の導入が始まってまず必要とされたのは小学校の教授法と学校運営のノウハウであったが、学校制度と同様これも欧米諸国から輸入するほかなく、文部省が自ら学校管理の翻訳書を出版したのもそのためであった。その意味でも当時の学校管理論は守旧的だったのではなく、むしろ開明的な性格を有していたと見るべきであろう。

法規万能ではなかった

我が国における学校管理法は、明治5年米国人教師スコットが米国小学校の教科書・教具・器械を使って教授法を実地に伝習した際に兼ねて学校管理法を教えたのが最初である。1879（明治12）年に東京師範学校の授業科目となるが、当時は「学校教育普及の際とて、実務上の必要から学校管理法が重んぜられ、頗る其の発達を見た」[13]。

国産の学校管理論が本格化するのは学校関係の法令が整備された明治20年代からであるが、学校管理と題する著書の多くは法令準拠だけでなく、教育原理に基づく必要も説いており、戦前の学校管理論が法規万能主義だったとはいえない。

たとえば、山高幾之丞は「教師ハ、須ラク其ノ眼界ヲ広大ニシ、教授管理ノ大イニ相関スル所ノモノナルコトヲ了得シ、教授ノ方法ヲ講究スルト共ニ、亦必管理ノ方術ニ通暁セサルベカラズ。否ラザレバ、其ノ為ス所徒労多クシテ、効験少カルベキコト、更ニ疑ヲ容レザルナリ」。学校管理の研究には「一ニハ、教育ノ原理ニ準拠シ、一ニハ現行ノ学制ヲ参照スベシ、蓋教育ノ原理ニ基カザレバ、固陋ヲ免レザルベク、現行ノ学制ニ拠ラザレバ迂闊ヲ免レザルベシ」と述べている。(14)

むろん「学校管理法」と題する著書のなかには法令準拠の重要性を強調するものも見られる。たとえば田中敬一は「一、制度ト学説トヲ併セ説クコト　二、理論ト実地トヲ調和スルコト　三、沿革ヲ尋ネテ現今ヲ明ニスルコト」の三原則を掲げ、「学校管理ノコトタル単ニ教育学上ノ学説ニノミ拠ルベカラズシテ、必ズ国家ガ定メタル法令ニ基カザルベカラズ」と述べている。(15)

しかし、これとても法令準拠が不可欠である旨を説いているだけで、教育の原理や学説を軽視しているわけではなく、重点の置き方が若干異なる程度の違いでしかない。また、当時の学校論がすべて法規中心だったわけではない。それどころか、なかには幣原坦のように法令にはほとんど触れない学校論もあった。(16)

ちなみに学校経営論が登場する直前の明治時代末期における学校管理法は、次に示すように理論的教育学の「代わりに」ではなく、「加えて」修得されるべき教科であった。

「学校管理法とは学校をして良好なる教育を施すに適する場所たらしむる方法を論究するものなり。詳言すれば学校の設置・教科・編制・設備・就学・職員・経済・管理および監督等を如何になすべきか、せざる可らざるかを考究するものなり。

学校教育の作業を分ちて教授・訓練・管理の三となる所の管理と、此所に謂ふ管理法とは全然等しきものにあらず、こは（ママ）英語のスクールマネージメント（School Management）に相当し、単に訓育に関連せる管理にあらずして、教育事業全体の運転を敏活整正ならしむる作用を称するなり。

教育の目的及び方法を考究すること如何に完全なりとも、之を実際に施行するには如何なる設営をなし、如何に経理すべきかを知らざれば何の益もなし。学校管理法は学校をして教育を施すに最適当なる場所たらしむるを考究するものなるが故に、理論的教育学以外に之を学ぶべき必要あり[17]」。

④ 学校〝経営〟論は学校教育論

〝経営〟論の流行

学校管理という用語は明治期から用いられてきたが、明治末から大正初め頃になると学校経営という用語が好まれるようになり、昭和戦前期には学校経営に限らず○○経営という言葉が教育界に広く普及するようになった。

この流行をもたらしたのは大正デモクラシーを背景とする新教育思想の隆盛であろうが、これについて小川正行奈良女子高等師範学校教授が次のように述べている[18]。「近時、学校教育上に於いても、経営と云う語が多く用いられるようになった。これは恐らく工場又は商店経営等の用語から転用されてきた言葉であると思う。いずれも一定の主義方針に依る計画立案に従って事を営むの意義であろう。本書に於ける学校経営の内容も略ゝ同一である」。

このように工場や商店の経営と学校の経営は事業経営という点では同じであるとする一方で、「固より教育の如き精神的事業の経営は、会社又は商店の如き経済的事業の経営とは、根本的に其の本質を異にして居り、単に収益を得るを目的とするのでなく、被教育者の精神の奥底に徹して、永く之を支配するに至ることを期するものである」という。

そうだとすれば、「根本的に本質を異にする」にもかかわらず「経営」という用語をあえて借用するのはなぜかが問われることになる。著者はこれに直接答えていないが、教員たちがこぞって「経営」を口にするようになったのは「教育社会でも、それぞれ自己の主義主張に依って学校を経営せんとする傾向が濃厚になった」からだと説明している。

そうした教育界の状況を反映してか、この本が収められている成美堂の「現代教育学大系・全48巻」には、ほかに『学級経営学』『教科経営学概論』『教科目新経営論』が含まれている。また、東洋図書からは『学校経営新講』や『幼稚園の経営』の他に「学校学級経営参考書」が実に25巻も出ている。

そのなかには『学校経営原論』『制度の活用と学校経営』『女子青年学校の経営』『産業教化・地方改善　補習学校経営の実際』『青年訓練所の経営』などの学校経営論だけでなく、『学級経営原論』『学習法実施と各学年の学級経営』『作業主義学級経営』『作業教育学芸会の新経営』『学校園の新経営』『各科特別教室の経営』『各学年の教室経営』『作業主義複式学級経営』『遊びと善導　尋一の学級経営』『遊びより仕事への尋三の学級経営』『生活指導　尋五の学級経営』『職業指導　高一・二の学級経営』など、学年経営や学級経営も含まれている。

「経営」論の欠落

このように学校経営、学級経営、学年経営など〝経営〟という用語はすでに戦前から教育界に広く普及していたが、学級はもちろん学年も経営の対象となるような組織ではないし、学級経営といっても生徒指導の類いにとどまる。

学校経営というには対象となる公立小・中学校の規模が小さすぎるうえに、公立学校の場合は財源調達など経営の基本的機能を欠いている。もっとも、学校内部の管理や運営といった作用は存在するから、それを経営と呼ぶのであれば、その範囲内で学校の経営を論ずる余地がないわけではない。

しかし、学校経営と題する戦前の書物の多くはそうした意味の学校経営論でさえなく、学校教育論である。たとえば、1934年秋の文部省主催視学講習会における講演に基づくという著書(19)は次の八章から構成されている。

学校の意義、学校経営の原則、新学校経営の目標と方法、農村の学校経営と都市の学校経営、特殊児童に対する学校経営、学校の自治、新学校経営の特色、学校経営の要件。そこに経営という言葉はあるが、経営問題は扱われておらず、労作学校、田園教育塾、共同社会学校、ゲーリー・スクール、国民高等学校など欧米における新教育の紹介が中心となっている。

序文では「今後の学校経営は、合理的なる原理原則を究め、又実際に行われた多くの経験をよく纏め、之を我が国の実情乃至はその土地又は学校の事情と対照して、適切有効なる方策を講究してなされるべきであります」としているが、その内容は著者の学校教育に関する見解を述べ、新しい学校教育を紹介するにとどまっている。その意味では表題の「学校経営新講」を「学校教育新講」に置き換えた方が適切と思われる内容である。

他方、「師範学校に於ける教育科の系統的教科書となさんが為に、師範学校教育科教授要目に拠り、最新の学説に基づき、著者の経験に照らして編纂した」とされ、大正期における学校管理法の標準的なテキストと見られる書籍は、学校管理法の意義について次のように述べている。

「小学校管理法とは、教育学の実際的方面にして、法令の規定と諸般の学理に依り、小学校をして完全なる教育を施すに適当な場所たらしめ、併せて其の事業の効果をして、充分良好ならしむべき方案を主として実際的、法令的方面より講究するものなり」。学校管理には「単に科学として之を理論的方面より講究する必要あるのみならず、之が実施に当りては、更に其の国土に於ける特殊の事情に適応せざる可からざる必要あるを以て必ずや、又其の実際的講究に俟たざる可からず[20]」。

学校経営論がそうした学校管理理論と違うのは、法令に関する部分を省略し、学校教育に関する新しい観点や学説を論述している点であるが、もう一つ注目されるのは学校外部へ進出して活動すべきだという意向を示していることである。

たとえば、日田権一は、学校の家庭化、自治制化、共同生活(共同体)化、社会(実生活)化、作業(自発学習)化、郷土化の必要を指摘し、読書学校から生活学校および郷土学校へ、学習学校から作業学校および体験学校へ、個人主義学校から共同社会学校への転換を求めるだけでなく、校長は「全校の統率者であり、又学校教育を通じて直接間接に町村の文化指導の中心とならねばならぬ」と主張している(21)。

戦後の学校経営論は学校が地域社会に進出すべきことを理由として教育経営論へと再転回していくが、戦後の地域社会学校論や70年代の生涯学習社会論を待つまでもなく、その素地はすでに戦前から新教育的学校教育論として存在したのであり、日田の学校経営論にもそうした地域教育経営論の萌芽を見ることができる。

一方、公立学校に経営はないという見方は産業界など教育界外部の人々だけでなく、教育界内部にもある。たとえば、都立高校長を歴任し、都の主任指導主事も務めた小峰勇は次のように書いている。「学校経営についてみると、公立の場合は学校経営というより学校運営という性格が強い。私学の場合は学校経営の性格が強く、個性ある学校経営も可能である」(22)。

西の現代学校教育論

私が「学校〝経営〟論には経営がない」といっても、学校〝経営〟論が扱っているような知識が無用だとか、それについて大学の教育学部などで研究がなされ、教職課程等で講義が行われることが無意味だと主張しているわけではない。私が言いたいのは、学校〝経営〟論なるものの内容が表題とは違って学校教育概説のようなものだということである。以下、それを学校経営と題する基本的文献について検証する。

その一つは、我が国教育界で西の総本山と目されてきた広島大学教育学部および学校教育学部の関係者が「主として教職課程において学校経営について学んでいる人びとのための、基本的テキストとして編集した」という『現代学校経営』(23) である。そこでは学校経営の定義や内容が以下のようになっている。

まず、編者である岸本幸次郎広島大学教授は「学校経営とは、学校がその教育活動を適切に遂行していくうえに必要な、人的・物的諸条件を整備し、組織化して、教育計画の実施や、それに関連する諸活動の円滑な展開を図り、その組織活動の機能を高めて、学校教育の目的や課題を効果的に達成していくための継続的な活動をいう」としているが、これは学校教育活動そのものであろう。

次に本書は、学校経営の基本、教育行政と学校経営、学校経営の組織、教職員管理、児童生徒の管理、教育課程の経営、学級経営、教授方法・組織の革新、学校経営と地域社会、学校の事務管理、学校経営の評価、諸外国の学校経営、の12章から構成されており、学校教育の全般にわたっている。

このように学校経営の定義および内容のいずれに関しても学校教育と区別しにくい。この本が『現代学校教育』と題されてもおかしくないことは、「まえがき」に次のように書かれていることから言える。

「学校経営の課題は、たんに管理職の人びとの職務活動によって果たされるものでなく、〈中略〉教職員の協働的な取り組みによって、はじめて果たしていくことができるものである。そこで、すべての教職員が学校経営について共通の理解をもち、協働的な活動を通して学校経営の機能を高めていくことが、学校教育の課題を達成していくための基盤とならなければならない」。

書かれている趣旨はそのとおりであって全く異存はないが、となると「学校経営の課題」と「学校教育の課題」はほとんど同じであり、『現代学校経営』という表題が『現代学校教育』であっても差しつかえがない。本書がこれから教職を志望する若い学生諸君に広く読まれることを期待するというのであれば、むしろその方がふさわしい表題といえよう。

東は学校教育一般論

我が国教育界で「西の尚志」に並ぶのは「東の茗渓」である。筑波大学の前身である東京教育大学の教育学部には国立大学で唯一「学校教育・学校経営」という名称の講座があったが、その講座の大学院学生等が分担執筆した『学校経営総合文献目録』の内容は次のようになっている。

学校経営一般論（学校経営論、学校論、学級経営）、学校の組織（教育組織、事務組織、運営組織）、教職員（教職・教師論一般、管理職、教員養成、教員団体、教員の勤務条件と人事行政、研究・研修活動、女教師、専門職としての教職論、事務職員）、教育課程の管理・運営（教育課程の編成、学習指導・生活指導、特別活動、教育評価、健康・安全）、学校の物的諸条件、学校の対外関係（PTA、学校と地域社会）、教育行政・教育制度（教育行政・教育政策、教育法規・教育裁判、教育財政、教育制度、教育委員会制度）。

一見して明らかなように、本書の内容は通常考えられる学校経営の範囲をはるかに超えて学校教育全般にわたっており、学校経営一般論というより学校教育一般論という方がふさわしい内容である。

これについて編者は研究の範囲がこのように広範にわたるのは、「学校経営」は教育活動を中心にそれを支える諸活動など学校内部の問題を領域としてきたが、直接間接に影響を及ぼす行財政や制度などを無視できないと考えたためである、としている。(24)影響があることを理由とすれば研究の対象の範囲は無限に広がることになるが、「学校経営が教育行政管理とは異なる独立の機能領域、〈中略〉研究対象領域」として「明確な位置と活動領域を与えられている」という編者の認識と矛盾するだけでなく、同じ学科に教育制度や教育行財政の講座が別途存在する意味がなくなってしまう。

興味深いのは、隣接する教育行財政講座の教授だった伊藤和衛が学校経営の近代化論者として有名であり、教育行財政関係の著書を上回るほど学校経営や学校管理について数多く書いていることである。こうした現象が生じるのは、教育行財政よりも学校経営の方が教員養成系の教育学者にとってなじみが深かったからであろう。

昭和20年代に東京大学教育学部の創設に当たった海後宗臣は、教育関係諸学のうち実践を対象とするのは学校教育学と社会教育学であり、前者は学校制度学、教育内容方法学、学校経営学に分節するとしているが、(25)発足当時の東大教育学部は5学科18講座の編制で、学校経営講座は学校教育学科に含まれていた。

ちなみに河野重男お茶の水女子大学学長が教育社会学者とみなされるようになったのは東大教育社会学講座の助手を務めた関係であり、出身は学校教育学科（1954年卒）である。第一法規の教育学叢書で『教育経営』[26]を担当しているのも、彼が本来それを専門としてきたからであろう。

これからもうかがえるように、従来学校経営学は学校教育学の一部とされてきたのであり、したがって学校経営論の内容が事実上学校教育概説と重なってくるのもさほど不自然なことではなかったといえよう。

単位学校経営論の難点

教育経営学と改名してからも学校経営論は学校経営を個別学校単位で捉えるのが主流のようであるが、堀内孜京都教育大学教授は彼の師匠筋に当たる人々が、単一学校の自立経営、いわゆる単位学校経営論を展開する理由を次のように説明している[27]。

「『単位学校経営』を主張する論者（吉本二郎、高野桂一、伊藤和衛）は、学校経営における教育目的実現の創意機能・実現機能を認めることに共通しており、ここに『教育組織体』としての学校とその経営たる『学校経営』の独自性を認めることができる。つまり学校は教師の専門的な教育活動を組織化するものであり、そこには専門的、自律的な意思決定と裁量が前提とされ、３Ｍ、４Ｍといった要件が内在されていなくても個々の学校の枠組みをもって独自の目標達成の経営活動が成り立つとの捉え方である」。

こうした捉え方には疑問が生じる。その一つは、学校の内在的機能としての学校運営の独自性は認められるとしても、それは教育法令の規定や教育行政の方針から逸脱するものであってはならないことである。このことは学校経営学者も認めており、たとえば細谷俊夫東京大学教授は次のように述べている[28]。

大正新教育における「学校経営なる概念は独自の教育的識見抱負の実際化であって〈中略〉、従来の学校管理の概念とは明らかに対立し得るものであった」。しかし、教職員「個人の教育的識見抱負と国家の教育的要求とは対立せられるべきものではなく、むしろ相互補足的な関係に置かれるべきもので」あり、国家政策の原理と教育思想の原理を止揚し、客観的側面と主観的側面を包摂する方向で学校経営を捉えるべきである。

また、学校経営の独自性や教育行政からの自立性を説く学校経営論者自身が学級経営に対しては学校全体の教育方針や活動との同調や連係を求めているという不思議な現象も見られる。

たとえば、永岡順筑波大学教授は「学級経営は、それぞれの担任教師によって個性的な経営が行われるが、それは学校経営と密接に関連したものでなければならない。学校の経営目標や方針と無関係に行われる学級経営は、学校の全体的な教育活動の展開という観点から問題となる」(29)と述べている。

そのとおりであるが、それには学校経営自体が教育法令の規定や教育行政の方針に従っていることが前提となる。関係法令や行政の方針を無視した学校経営をしながら学級担任に学校の方針に従った学級経営をせよといっても通じないと考えられるからである。

もう一つの疑問は、学校経営にとって4M（men, materials, money, management）は不可欠であるが、牧昌見も認めているように、「これらの4Mは、そのいずれをとってみても、ひとり単位学校がよく対処しうるものではない。いわゆる外的条件の整備が必要である」(30)。

もっとも牧は「所与の条件の中での学校独自の創意・工夫によってこれら4Mの改善をはかり」云々とも述べているが、これには限界がある。このように諸条件のどれ一つとして自力では整備が困難な状態ではたして経営と言えるのか、またあえて言う必要があるのか、そもそも外的諸条件の整備自体が経営ではないのか、多分に疑問とされよう。

「経営」ではなく運営

すでに述べたように、学校経営論はその内容が通常の意味での経営論を欠いており、経営論というよりも学校教育論に近いものである。にもかかわらず、あえて学校経営学（論）と称するのはいかなる理由に基づくものなのか。そこには法規制的な教育行政に対する教育理念に基づく学校経営の自立性という主張がうかがえる。

たとえば、吉本二郎東京教育大学教授は「学校という単位組織の内在的機能としての学校経営機能が存在するし、そこでの具体的な経営行為を研究する必要があることを、誰も否定することはできない」。「単一学校の経営はそれ自体比較的独立した機能として、外部的な教育行政や学校行政との関連を考慮しつつ、区別して検討する必要性をもつことが明らかである」と述べている(31)。

岸本幸次郎広島大学教授も「一般に『学校経営』は主観的、理想的な観点に立って学校の諸計画に対して加える創造的な配慮や働きであり、『学校管理』は客観的・法規的な観点に立って学校の行う諸活動を統制し、監督する働きである、と説明してきた。確かに両語にはそのような語義や語感が含まれており、その用例も多い」と書い

ている。(32)

行政機能とは区分される学校内在機能の存在を否定するものではないが、問題はそのためになぜ「学校経営」と称さなければならないのか、「学校運営」ではだめなのかということである。「学校経営の比較的独立」でも「学校運営の相対的自立」でも変わりはないように思われるが、用語を変えるだけで実体が違ってくるものであろうか。

「学校の『管理』とは、学校教育という事業を経営する作用」(33)と解するなら、学校経営機能は基本的に学校管理機関が担うことになる。となると、公立学校の学校管理にも教委による外部からの管理と校長による内部的な管理があるという見解(34)も成り立つ。永井輝雄愛知教育大学教授も学校管理を教委による管理（学校教育法5条）と校長による管理（同法28条3項、現行37条4項）に分けている。(35)

また、永岡順によれば「学級経営は、学校を構成する基礎的組織単位である学級の教育的諸条件を学校の教育目的に従って整え、学習者の学校における教育的・生活的諸活動が十分な成果を上げることができるように運営することである」(36)。

このように学級経営が学級を運営することであるなら、それにならって学校の内部管理も学校経営ではなく学校運営と称しても差し支えないことになる。公立学校経営の実体が通常の意味での経営ではなく、運営と変わらないから、学校内部の管理運営を学校経営と称する方がむしろ不適切といえよう。

〈注〉

（1）阿部義理他編『学校経営用語辞典』文教書院、1969年、98、109、118、276～278頁。
（2）吉本二郎「学校経営」天城勲他編『現代教育用語辞典』第一法規、1973年、70頁。
（3）惣郷昌明・飛田良文著『明治のことば辞典』東京堂出版、1986年、126頁。
（4）尚学図書編『国語大辞典』小学館、1981年、785頁。
（5）久保千春「九州大学における経営の課題」『IDE　現代の高等教育』IDE大学協会、2017年1月号、8頁。
（6）横山晋一郎「取材ノートから」『IDE　現代の高等教育』IDE大学協会、2008年12月号、72頁。
（7）津田修他編『法令用語辞典　第八次改訂版』学陽書房、2001年、117頁。
（8）尚学図書編、前掲、613頁。
（9）天城勲「学校教育法」天城勲・有倉遼吉編著『教育関係法・I』日本評論新社、1958年、24頁。
（10）文部省『日本の教育統計　明治～昭和』1971年、23～24頁。
（11）清水義弘「義務教育は聖域にあらず」清水監修『学校を問い直す』〈日本の教育を考える　第2巻〉有信堂、1985年、24頁。
（12）伊藤和衛『学校経営概説』高陵社、1968年、39頁。
（13）東京文理科大学『創立六十年　東京文理科大学・高等師範学校』1931年、185、190、198頁。
（14）山高幾之丞『実験　小學管理術』金港堂、1894年、3頁、7頁。

(15)田中敬一『管理法教科書』金港堂、1902年、1頁。
(16)幣原坦『学校論』同文館、1909年。
(17)寺内頴『新令適用　学校管理法』寳文館、1907年。13〜14頁。
(18)小川正行『学校経営学』現代教育学大全　各科篇　第1巻、成美堂、1936年、1〜2頁。
(19)龍山義亮『学校経営新講』東洋図書、1936年。
(20)小川正行・佐藤熊治郎・篠原助市著『新撰　小学校管理法』寳文館、1912年、1〜2頁。
(21)日田権一『学校経営論』建文館、1935年、5頁。
(22)小峰勇『学校経営と地域』大明堂、1983年、92頁。
(23)岸本幸次郎・吉田正晴編著『現代学校経営』福村出版、1980年、3〜4頁、10頁。
(24)吉本二郎・永岡順編著『学校経営総合文献目録』第一法規、1977年、3頁。
(25)海後宗臣『教育学五十年』評論社、1971年、285〜287頁。
(26)河野重男『教育経営』教育学叢書第12巻、第一法規、1969年。
(27)堀内孜「学校経営」日本教育経営学会編『教育経営ハンドブック』学文社、2018年、19頁。
(28)細谷俊夫「学校経営」齋藤道太郎編『新教育事典』平凡社、1949年、69頁。
(29)永岡順「学級経営」天城勲他編『現代教育用語辞典』第一法規、1973年、61頁。
(30)牧昌見「4M」高倉翔他編『現代学校経営用語辞典』第一法規、1980年、270頁。ちなみに4M(フォーエム)とは学校経営学者がよく使う言葉であるが、牧によれば「学校の教育目標を達成するために行う教授＝学習その他の教育活動を、効率的かつ能率的に展開するために考慮すべき経営条件。すなわち人(men)、物(materials)、財(money)とそれらを活用するマネジメント(management)の四つの要素を意味する」。
(31)吉本二郎『学校の経営行為と責任』ぎょうせい、1984年、94頁。
(32)岸本幸次郎・吉田正晴編著『現代学校経営』福村書店、1980年、10頁。
(33)鈴木勲編『逐条学校教育法　第5次改訂版』学陽書房、2002年、39頁。

(34) 林部一二『学校管理の本質』明治図書、1966年、20頁。
(35) 永井輝雄「学校管理」今野喜清他編『学校教育辞典』教育出版、2003年、120頁。
(36) 永岡順、前掲「学級経営」。

第Ⅱ章

用語の混乱と整理の失敗

1 入り乱れる諸概念

類似用語の簇生

我が国の教育経営学ないしは学校経営研究では、関係する基本的な概念や用語が明確な定義もないままに恣意的に使われてきた。このことは、学界の指導的立場にあった人々によって半世紀以上も前からすでに指摘されている。

たとえば、「教育行政、学校行政、教育経営、学校経営、学校管理、そして学校運営といった諸概念が明確な規定もなしに勝手に使用されてきた」(1)。「学校経営をめぐっては、学校管理、教育経営、学校行政、教育管理、教育行政などさまざまな用語が使用されている」(2)など。

したがって、改めて論ずるまでもないと思われるかもしれないが、にもかかわらずここで採り上げるのはそうした用語の混乱がいまだに改善されていないだけでなく、むしろ拡大する傾向が見られるからである。

不適切な使用は文部官僚にまで及んでおり、たとえば後に文部省の事務次官になる高石邦男の著書(3)も学校管理と学校経営の区別が明確ではない。『学校経営の法律常識』という表題からは『私立学校経営の法律常識』のように思える彼の著書を開いてみると、『公立学校管理運営の法律常識』と題すべき内容である。

こうした学校教育関係用語のなかでも、とくに学校管理と学校経営の異同をめぐる論議はすでに100年も前から始まっているが、いまだに決着がついていない。学校経営という用語が大正新教育の時代に学級経営、教科経営などと一緒に教育界で自然発生したものであるだけに、意味が確定しにくかったためであろう。

ちなみに簇生する学校経営関係用語を追うように、類似用語を冠した市販雑誌も数多く出現した。刊行順にあげると、1956年9月創刊の『学校経営』(第一法規出版)が最初で、次が1962年4月号からの『学校運営研究』(明治図書)、3番手が19

72年11月創刊の『学校管理研究資料』（明治図書、季刊）、続いて1979年7月創刊の『現代教育経営』（協同出版）となるが、いずれも出版事情の悪化から廃刊となっている。

学校管理≠学校経営・説

岸本幸次郎広島大学教授によれば、「学校経営という用語や概念は、歴史的にはそれより先行してあらわれた学校管理という用語や概念と対比して説明される場合が多く、学校管理を法規的・客観的、学校経営を理念的・主観的とするのが一般的であった[4]。

戦前における代表的な定義は森岡常蔵による「学校管理は経営の客観的方面を主とし、法規の理解及びこれによる運用を重要なる要素として、理想の方面を幾分副次的に考察したものである」。これに対し、「学校経営は経営の主観的方面を主とし、法規の方面をやや二次的に考察したものである」[5]とされている。

しかし、これとは逆に安藤尭雄のように教育者と被教育者の人格的交渉、教授・訓練・養護といった主観的部面ではなく、教育制度・教育政策といった客観的機構を通じた教育を学校経営というのが適当であるという説[6]も存在しており、戦前においても必ずしも統一された見解とはなっていなかった。

　この問題について戦後になってから東京学芸大学教授の大塚三七雄は、法規に基づく客観的・画一的な学校運営の側面を学校管理、経営者である校長の識見・抱負や教育思潮によって比較的自由に運営される側面を学校経営と呼んで区別する場合、両者の概念は明確でなく、また同義語として用いられることも多く、実際上の区別は困難であると批判、「学校管理」を「学校の目的達成に必要な諸条件を整備し、諸施設を維持・運用する作用」、「学校経営」を「学校の教育目的を効果的に実現させるための、学校の運営」と定義している(7)。

　しかし、この定義では「学校管理」が個別学校内部の作用なのか外部の管理機関による作用なのかが必ずしもはっきりしないし、学校経営＝「学校の運営」というのであればあえて学校経営という必要はなくなる。いずれにしても、両者の違いが必ずしも明確でない点は森岡の定義とさほど変わらない。

　次に、安藤尭雄東京教育大学教授は「教育行政、学校行政が、国、都道府県、市町村などの地域を単位とする教育、学校教育を対象として行われる」のに対し、「学校管理は、一つの学校を単位として行われる教育を対象とし、そのために必要な諸条件の整備確立を目指すものである」。

学校経営と学校管理はともに学校を単位とするが、前者が児童・生徒の教育を対象とするのに対し、後者は教育を行うための諸条件の整備であり、児童・生徒を直接対象としない二次的活動であるとしている(8)。

この説明では教育行政と学校管理、学校管理と学校経営の区分は比較的明確であるが、その反面で学校経営と教育活動との違いがはっきりせず、教育活動をあえて学校経営と呼ぶ理由が理解できない。

学校管理＝学校経営・説

以上のように学校管理と学校経営を区分する努力が続けられてきたほか、戦後の一時期には両者を区分しない説も現れたが、区分が消滅するには至らなかった。細谷俊夫東大教授は「学校経営とは学校をして教育の効果を収めるのに最も適当な機関とするために必要な諸般の組織ならびにその運営」と定義し、学校管理との関係を次のように整理している(9)。

第二次大戦後は教育行政の任務が条件整備と解されるようになった結果、「旧来の学校管理と学校経営との概念上の区別はいちおう必要のないものとなり、両者はほとんど同一の意味に用いられるようになった。そして現在は種々の偏見を伴いがちな学校管理ということばを避けて、学校経営ということばが用いられることが多い。そしても両者を区別して用いる場合には、学校管理は学校の施設設備、教員組織、学級制度のような『外的事項』を取り扱い、学校経営はその『内的事項』を取り扱うというとらえ方がなされる」。

しかし、学校管理と学校経営を区別する必要がなくなったとすれば両者は用語としても統一されて然るべきだし、外的事項と内的事項で両者を区分するのであれば戦前とあまり変わらないことになる。また、教育効果を収めるのに必要な組織運営が学校経営ならば学校運営と同じことになる。

児島邦宏東京学芸大学教授は「学校経営とは、各単位学校において、学校教育目的の達成を目指して教育活動を編成し展開する中で、人的・物的等の教育諸条件の整備とその組織運営にかかわる諸活動を管理して実現を図るとともに、その教育活動の持続的な改善を求めた創意的な機能」であるとしている(10)。

これは「各学校の教育活動に必要な条件整備と組織運営」と言えば済むことを長々と説明しているだけで、学校経営の定義は細谷のそれとさほど変わらない。

このように学校管理と学校経営を区別する説、同一とする説に分かれているものの、いずれも説明が明解でない点は共通しており、学校管理と学校経営の異同は依然として不明確のままである。

教育行政・学校管理一体・説

学校管理運営に関係して戦前から使われてきた用語としては教育行政、学校管理、学校経営があったが、戦後はそれに学校行政、教育管理、教育経営などが加わったことから、用語の混乱はいっそう大きくなった。

それを象徴するのが、占領下に出された教師養成研究会の『学校管理』である。この本は前篇が教育行政、後篇が学校管理という構成で、「一学校の組織や運営の研究を主眼とはしたが、それを国又は地方公共団体のいとなむ教育行政の機能と一体化して考察しようと努め」たとして、次のように述べている。

これまで「学校管理」という概念は必ずしも明確ではなかった。ある場合はこれをせまく一学校の経営と解し、ある場合は教育行政機関の監督や組織を意味していた。〈中略〉しかし、この両者には本質的な差異はない。何れも現実の教育活動を助長し促進するための機能だからである」[11]。

「教育行政」と「学校管理」を同義とするこの本は占領軍当局（ＣＩＥ）が「教育学者と教育実際家を集めて、アメリカの『学校管理』の研究をさせ、もって、わが国の学校管理の範とさせた」ものであり[12]、アメリカの実態を反映した内容となっている。

ちなみにＣＩＥとは、戦後教育改革にかかわった連合国最高司令官総司令部民間情報教育局General Headquarters of the Supreme Commander for the Allied Powers, Civil Information & Educationのことである。

そうした占領軍の意向を受けてか、当時文部省が出した『小学校経営の手引』『新制中学校・高等学校　望ましい運営の指針』『中学校・高等学校管理の手引[13]』などは、「学校経営」「学校運営」「学校管理」を明確に区分していない。

学校行政

戦後に出現した新しい用語のうち、「学校行政」はアメリカ占領軍によって持ち込まれた概念で、従来からあった「学校教育行政」と混同されがちであり、現に間違って同じ意味で使っている研究者もいる。しかし、両者が異なる概念であることは、当時東京教育大学関係者が執筆した『教育大学講座』（全36巻・金子書房）の構成からも明らかである。

そこでは「教育行財政」や「教育政策」の論稿を収めた『教育行財政』と、「学校行政」や「学校経営」を収めた『学校行政』とは別の巻となっている。前者における

「教育行政」は学校教育行政と社会教育行政に大別され、私学行政も含むのに対し、後者における「学校行政」の内容は教育委員会の業務が中心で、私学行政を含まない[14]。『学校行政』の巻で「学校行政概論」の章を執筆した武田一郎（当時は文部省視学官、後に北海道学芸大学学長）によれば、「学校行政」は school administration の訳であり、教育委員会による「所管内全学校運営に関する行政を意味する」[15]。

しかし、京都大学教授相良惟一編の『学校行政事典』で「学校行政」を担当した高木太郎神戸大学教授が「学校行政という言葉は」「教育行政を学校経営とむすびつける意味で作りだされた言葉である」が、「今日一般的に用いられているわけではない」と述べているように[16]、この用語はさほど普及することなく終わった。

行政と管理の区分がない「学校行政」（school administration）の概念は、学校区（school district）ごとに置かれる学校委員会（school board）が学校税（school tax）を主要な財源として公立学校を経営するアメリカ特有のものであり、このことが我が国に定着しなかった主な理由であろう。主権回復後における占領政策の見直しとともに消えていった。

それに加えて、こうした学校行政という概念のもとでは教委と学校とが有機的に一体となって機能することが期待される半面で、両者それぞれの独自性が見失われる危険があった[17]ことも預かっていよう。

教育管理

「学校行政」に加えて1960年代に入る頃から登場した用語に「教育管理（学）」がある。これは学校教育の組織及び運営に関係する教育行政論、学校経営論、学級経営論などの諸領域を一本化し、「学校教育を中心として取り扱おうとする」ものである[18]。

これからもわかるように、「教育管理学」と称しながら学校教育が中心である点は「教育経営学」と共通しているし、「組織及び学校運営の側面から見た現代学校教育論」であるとしていることからもうかがえるように、「教育管理学」と称するものの内容が学校教育論である点は「教育経営学」と同じである。

提唱者の一人である教育行政学者の持田栄一東大教授は教育経営（学）と教育管理（学）の関係を、「〝社会〟権力による教育の組織化と〝国家〟権力によるそれに対応する」と説明している[19]。

その場合、「社会権力」というのは企業等による労働者に対する強制力をさすようであるが、国だけでなく地方公共団体も公権力である以上、公立学校についてそうした使い分けは無理であろう。

持田の教育管理論は『持田栄一著作集』[20]の第1・第2巻にまとめられているが、それを読むと教育管理、教育行政、学校行政の関係は教育経営、教育行政、学校経営の関係と著しく類似していることが知られる。

すなわち、教育管理とは「組織的教育の教育運営の仕組みと運営に対する公の支配の機能の総体、つまり教育行政作用の総体」をいい、「地域全体の教育についての条件整備をこととする教育行政、それが一つの学校を対象としてすすめられる場合のいわゆる学校行政の作用を総称して呼ぶ場合の概念」とされている[21]。

当時は文部官僚でも教育管理という用語を使う人がいた。たとえば、後に生涯学習局長となる福田昭昌の『明解　教育管理の基礎知識』[22]は「教育課程の編制・実施の問題から職員団体の活動等にわたる学校運営上の諸問題について」解説したもので、『学校運営の基礎知識』とする方が適切な内容である。

そうしたことから、中留武昭九州大学教授は教育管理を「『教育行政』に近い異名同体の概念」と見ているが[23]、「教育管理」という用語は「教育経営」と大差がなく、それを不可欠とする特段の理由もなかったうえに、「管理」という用語が教育界で好まれないこともあってか間もなく消えていった。

学校運営

こうして戦後新しく加わった関連用語のうち「学校行政」と「教育管理」は姿を消したが、「学校運営」は現在でも使われている。実定法上も1948年の教育委員会法49条2項に「学校その他の教育機関の運営及び管理」という文言があり、1955年には文部省関係者によって『学校運営辞典』(24)が出版されている。

学校運営辞典というのは珍しいが、アイウエオ順に語句の説明がある通常の辞典とは違い、この辞典は「現場にあって直接学校運営に当る教育関係者」のために学校を中心に起こる比較的頻度が高い諸問題について法律的関係や問題点、注意点などを解説したもので、「学校運営の伴侶として愛用されることを希」って命名したという。

しかし、1954年の『教育学事典』(平凡社)には「学校運営」の項目はなく、1990年の『新教育学大事典』(第一法規)でも「学校運営⇒学校経営」となっている。これからもうかがえるように、教育界では「学校運営」という用語は「学校経営」や「教育経営」と比べて普及しなかった。

武田一郎も「学校運営」は学校の経営、管理、行政という言葉と類似しており、言葉の持つ語感、使用の歴史的事実や習慣などで区別される程度の違いしかない。「学校行政」は国や教育委員会、「学校の経営や運営」は個々の学校という感じがするものの、区別しにくいと書いている。[25]

永岡順は「学校運営」を「学校における各種の教育活動を、実践に即して適切に展開し、教育目標を達成するために、必要な学校の人的、物的、財政的諸条件を、効果的・能率的に推進する作用」と定義しているが、[26]これでは「学校管理」や「学校経営」との違いがわからない。

牧昌見は学校運営とは「学校経営を効率的・能率的に行なうための学校の内部組織・過程」であるとしている。[27]この定義について中留武昭は従来の学校経営の定義とさほど違わないとしているが、[28]少なくとも学校運営が学校内部の活動であることだけは明確にしていると言えよう。

牧は「近年、学校運営の用語が広く使用され出した背景には、学校管理や学校経営という概念」が自律性・専門性を特徴とする「教育の現場になじまない傾向」を有することがあげられ、それは学校経営概念も企業組織的で上命下服的な意味合いを含んでいる点で行政法規的な学校管理概念と変わらないからだとしている。[29]

この点に関しては中留も牧と同じ見解であり、そのため学校運営という用語が「昭和30年代後半から経営実践の場で活発に使われてきている」と述べている。[30]たいへん興味深い指摘であるが、そうだとすれば「学校経営」より「学校運営」という用語が使われて然るべきであり、なぜそうならなかったのかが問われることになる。

また、そうした学校現場の主体性を明確に打ち出した用語としては「学校づくり」の方がふさわしいと思われるが、不思議なことに学校（教育）経営の研究者で「学校づくり」という言葉を用いる人はほとんどいないし、項目として掲載している教育関係の辞（事）典にお目にかかったこともない。

教育経営

中留は「教育経営」という用語が「昭和三三年の教育経営学会設立（四八年に日本を冠する）を契機にして」用いられはじめたと述べているが[31]、その4年前に出版された天城勲の著書において次のようなかたちですでに使われている。

「学校の『管理』とは、一般的には教育事業ないし教育の場としての学校をその本来の目的に従って継続、維持、運営していくことと解される。国、地方公共団体の設置する国立学校、公立学校についていえば、法律的には学校の管理は一般的には、営造物の管理であり、私立学校についていえば、一つの企業の経営である」。「学校は、人及び物の一体的施設を中心にした教育経営と考えられる」[32]。

また、その翌年に出版された前述の『学校運営辞典』には「ＰＴＡと教育経営」という項目があり、「〈教育経営権〉教育内容や方法に関すること、すなわち狭義の教育経営は、実質的には、専ら学校のみで行なっていることが多い」云々と書かれている。これからも「教育経営」という用語が昭和20年代からすでに使われていたことが知られる。

それはさておき、『教育経営事典』の巻頭に掲げられた海後宗臣他による「監修にあたって」は「教育経営とは教育行政、学校経営という従来の用語を止揚しつつ、前述した激動期を背景に営まれるべき教育の新しい組織と運営を、単に学校教育という立場からだけでなく、総合的視点から解明することを意図するものである」と述べている(33)。

「従来の用語を止揚する」と言われても抽象的すぎて具体性がないが、それに続く細谷俊夫他の「編集のことば」は、教育経営を「公・私の学校の経営・管理を中心としながら関連する教育行財政、社会教育、企業内教育、その他の形態の教育を含めて取扱い、学校教育関係者はいうまでもなく」、広く関係者に「必要な知識・情報・資料を提供しようとするもの」であるとしている(34)。

「公私の学校の経営・管理を中心として」と称して国立が軽視されているのは、大学など高等教育が編集委員の念頭にないからであろうが、一口に「公・私の学校の経営・管理」と言っても公立の〝経営〟と私立の「経営」では全く意味を異にすることにも気づいていないようである。

この事典の「教育経営」関係項目はおおむね編集方針に従い「教育経営」について広義説を採っているが、「教育経営学会」の項（宮坂義彦執筆）のような狭義説も存在する。「この学会の特色は、小規模の特性を生かして昭和33年に発足して以来、学校・学級経営の現実的な諸問題に焦点をしぼって研究を推進してきたところにある」というのである。

この事典で「教育経営」の項目を担当した大嶋三男東京学芸大学教授は、「教育経営ということばを一義的に規定することは、極めて困難」としながらも、「おおまかには、学校教育をも含む諸種の教育機関である教育組織体において、学習者の行動の変容を目ざして営まれる人的、物的、運営上のあらゆる教育活動を管理していくこと」としている(35)。

これでは学校、公民館、図書館など教育関連施設の経営の総称に過ぎないし、実際に教育委員会などが行っている教育行政活動と変わらない。したがって、それを教育経営と称することにあまり意味がない。

他方、河野重男お茶の水女子大学教授は「教育経営とは、教育の目的を効果的に達成するために、多様化し多元化している現代の教育主体と教育機能を全体的に捉え、それらを統合し、関連づけるという視点に立って教育の営みを把握していこうとする概念」としている(36)。

現代の教育状況を的確に認識するためには教育の主体と機能を全体的に捉え、総合的に把握すべきだということに異存はないが、それが即そのような経営がなされるべきだということにはならない。そもそも社会全体の教育活動を統括できる主体などは存在しないから、それを統合するなどということはおよそ不可能であり、空論というほかない。

教育経営学会の会長を務めた小島弘道筑波大学教授も、「教育経営」には教育政策、教育行政、教育法などを対象とするマクロな意味と教育機関の経営を対象とするミクロな意味の二つがある。前者は教育政策学会、教育行政学会、教育法学会が取り組む領域であり、日本教育経営学会が主として研究対象とするのは後者であり、そのなかでもとくに学校経営であると述べている(37)。

そのとおりであるが、そうだとすれば日本教育経営学会がいう「教育経営」とそれまで使われてきた「学校経営」との違いは言葉の上だけのもので、実質的にはさほど変わりがないということになる。

2 関係概念整理の試み

学校経営および教育経営の英訳

戦後の我が国ではカタカナ語や英語が流行っているが、教育界も例外ではなく、カタカナ語や英語が氾濫している。その一方でこれまで見てきたように日本語の学校経営ないし教育経営の意味は必ずしも明確ではない。そこで、より正確に理解するための一助として関係用語の英訳を調べてみると、これまた問題が多いことがわかる。

まず、民間人校長として話題となった藤原和博の著書(38)は学校経営にマネジメント的発想を導入することを勧めるものであるが、教員研修センターにおける講義を収録した付属のDVD前編は「管理からマネジメントへ」という表題になっている。

これだと「管理」と「マネジメント」は別のようであるが、和英辞典で「管理」はmanagement、英和辞典でmanagementは「管理・運営」、英々辞典ではManagement is the control and organizing of a business or other organization となっており、「マネジメント」と「管理」とは同じ意味である。

それはさておき、教育関係の辞（事）典類に当たってみると、牧昌見がeducational management（『現代学校用語辞典』）、「educational administration and management または educational management」（『新学校用語辞典』）としているのを唯一の例外として、「教育経営」の英訳はすべてeducational administrationとなっている。

ところが、これらの教育関係辞（事）典にはすべて「教育行政」の項目があるが、その英訳は例外なくeducational administrationとされている。したがって、日本語では教育経営≠教育行政、英語では教育経営＝教育行政ということになるが、英訳の方が的確のように思われる。

他方、「学校経営」の英訳は大塚三七雄（『教育学事典』）、細谷俊夫（『教育経営事典』）、牧昌見（『現代学校用語辞典』）などがschool managementである。school administrationとするのは吉本二郎（『現代教育用語辞典』）、永岡順（『現代学校経営用語辞典』）である。また、児島邦宏は『新教育学大事典』ではschool management、school administration、『学校教育辞典』ではschool administrationとしている。

日本語では同じ「経営」であるにもかかわらず、英訳では「学校経営」がschool

management、「教育経営」がeducational administrationとなるのか不可解であるが、学校経営から教育経営への改名が教育行政との区別をむずかしくしたことを示している。

なお、学級経営はclassroom administrationと訳される場合も皆無ではないが、ほとんどがclassroom management、class managementとなっている。また「学校管理」もschool administrationとされている（大塚三七雄『教育学事典』）。

administration vs. management

このように関係用語の英文表記が混乱するのは教育経営、学校経営、学校管理の意味が不確定なことの反映であるが、英語のadministrationとmanagementの関係が不明確なことも多少は預かっていよう。そこで両者の語源をたどると、次のように説明されている。[39]

manageは「馬を扱う、調教する」という意味のイタリア語のmaneggiareに由来するが、家事・家政を意味するフランス語のmenageと混淆して多様な意味を有するようになり、18世紀中葉以降は金融業や企業活動に使われることが多くなった。他方、administerは本来minorの意味でservantを指したが、後に神や王に仕える聖職者や大臣、公使などの意に転じた。そこからadministrationは統治、政治、行政になじみやすく、企業経営はmanagement、行政関係はadministrationを使う傾向が見られる。

なお、両者の関係については次のような説明もある[40]。administrationとmanagementとは同義に使われることが多く、その場合は「組織が人的・物的資源を用いていかなる活動を行うか、そのために人的・物的資源をどのように使うか、に関する決定過程を意味する」。

しかし、両者が意味を異にするという説もあり、その場合にはadministrationは抽象的・哲学的・質的・戦略的・人文的な性格で政策形成過程における哲学・計画・政治の機能、managementは具体的・実用的・実践的・量的・技術的な性格で政策実施過程における運用・管理・監視からなるよりルーチン的作業を指す。

民間ではmanagement、国および地方の行政部門ではadministrationが、より上級レベルの仕事を意味する。これは地域によっても違い、北米ではこの区分が明確だが、英国ではどちらにもmanagementを使う傾向が見られる。いずれにしてもmanagementとadministrationの違いは「企業経営」をbusiness management、「行政」をpublic administrationとすれば、いっそう明確となる。

関係学会の英文名称等

次に、関係学会の英文名称を見てみると、1926年創立の日本経営学会がJapan Academy of Business Administration、日本行政学会はJapanese Society for Public Administrationで、ともにadministrationを用いているが、businessとpublicを冠することによって両者は区別されている。

ところが、日本教育経営学会の英文名はThe Japanese Association for the Study of Educational Administration、日本教育行政学会はThe Japan Educational Administration Societyで区別しがたい。日本学校経営学会The Japanese Association for the Study of School Managementであればこうした混乱は起こらなかったはずである。

ちなみに、2013年に発足した日本教育事務学会の英文名称はThe Japan Association for the Study of Educational Business Managementとなっているが、この場合は学会の名称として「学校事務」でなく「教育事務」としたのは適切であった。そう考える具体的理由については別のところで論じている(41)。

なお、念のために学校経営学あるいは教育経営学と類似性があると思われる経営学関係の学会について見てみると、business administrationのほかにmanagementを用いているところもあり、双方が使われていることが知られるが、教育学分野のような混乱は見られないようである。

「教育経営」の構造

このように教育界では「教育経営」という用語は意味不確定のまま広く浸透してきており、私が勤めていた国立教育研究所にも私が退職した後の１９８９年度から教育経営研究部が置かれたが、「学校経営」と「教職」の研究室はともかく「選抜方法」と「高等教育」の研究室がなぜこの研究部に属するのか不可解な構成であった。

もっとも、教職研究室長からこの部の初代部長となった牧昌見はその20年前に学校管理運営関連用語の混乱を問題視し、教育経営概念の明確化を目的に類似概念の構造化を図り、以下のような見解を示していた(42)。

「用語・術語の氾濫とその多義性の許容は、元来、望ましいことではない。それにしても、教育学の分野では、次から次へと造語がつくられ、その意味するところが多様であることが多い。用語の共通理解とその統一的使用を追求することが今日的課題の一つである。〈中略〉教育経営の分野においても、関連用語の整理と各用語の構造的位置づけを要する用語がある。教育管理、学校行政、学校管理、学校経営、学校運営、それに教育経営というような用語が多用・混用されているというのが現状である」。

「教育経営は、学校経営と教育行政と社会教育経営によって、教育の目的を効果的に達成するための諸条件を整備し、これを有機的に運営する営みであって、最も包括的な概念である。教育経営の主なる経営主体は国および地方公共団体である。教育行政は、教育経営を効果あらしめるために、国および地方公共団体が、主として法制的フレームワークを設定し、これを運営することによって、教育活動のための諸条件を整備することを通して、これを制度的に保障する機能を受けもつ。教育行政は、学校（教育）行政と社会教育行政に大別される。学校経営は、単位学校における教育目標の効果的達成のための諸条件を整備し、これを有機的に運営する営みである。学校経営は、この機能を果たすために、学校運営と学校管理を二本の支柱とする。学校運営は、学校における教育実践を、人的、物的、財政的条件の最適の組合せにより効率的・能率的に促進する機能を受けもつ。学校管理は、学校（教育）行政を通じて導入される公教育の実施に関する制度的枠組みを、単位学校に即して再編成し、単位学校における教育活動の水準の維持と向上を保障する機能をもつ。社会教育経営は、社会教育行政を通じて、社会教育（家庭教育を含む）に属する領域について制度的枠組みを設定するとともに、固有な教育活動を展開する」。

教育経営と学校経営

これを読むと、最上位の概念である教育経営のもとに学校経営、教育行政、社会教育経営が中位概念として位置し、学校経営には学校運営と学校管理、教育行政には学校教育行政と社会教育行政が下位概念として含まれるということになる。

その場合、教育行政が学校教育行政と社会教育行政からなるのに対し、教育経営が学校経営と社会教育経営および教育行政からなっている理由については何の説明もない。また、私立学校や民間の社会教育活動などは視野に入っていないようで全く言及していない。

さらに、社会教育経営の内容が定かではないし、それが社会教育行政を通じて社会教育に属する領域について制度的枠組みを設定し、固有な教育活動を展開するという説明も理解できない。教育経営には教育行政も含まれることになっているから、社会教育行政は教育行政と社会教育経営のいずれに属するのか不明となる。

また、牧は教育経営が学校経営の上位概念であることを明言しているのに対し、小島弘道筑波大学教授は逆である。以下に示すように彼は教育経営を「学校経営の核心」的部分と解しているが[43]、これは教育経営が学校経営の下位概念に位置づけられていることを意味する。

小島が言う教育経営とは学校教育の内容・方法にかかわる活動のことであり、この学校経営の核心部分が自律的学校運営の根拠とされるという主張である。牧、小島の二人はともに日本教育経営学会の元会長であるが、教育経営の概念に関する理解が大きく違っている。それだけでなく、教育経営と学校経営に関する認識も全く逆になっている。

私学と国立は蚊帳の外

牧による教育経営に関係する諸概念の構造化で最もわかりにくいのは、最上位に置かれる「教育経営（学）」がどのような概念であり、「学校経営（学）」とどこが違うのかという点である。「学校経営」「教育経営」「教育経営学」の諸項目については彼が編集した用語辞典で彼自身が説明している[44]。

まず、「教育経営（学）」という用語が使われるようになった理由を次のように述べており、それを読むと私立学校や国立学校の経営は教育経営に含まれず、教育経営学の研究対象とはされていないことがわかる。

「『学校経営』という用語では学校の内部経営に焦点があり、学校それ自体で完結したものと見なす自己完結体であって、いわゆる内部機能説に立つことになるとの反省から、むしろ、教育委員会を経営の主体として学校及び社会教育を含む教育サービスを考える必要があるとの発想から、教育経営の概念が広がりをみせるようになった」(「教育経営」)。

この説明によれば教育経営とは教委による管轄地域内における教育事業の経営ということになるが、他方で「教育経営の単位には、学級、学年、学校、地域、市町村、都道府県、国、国際などの各レベルがある」とすれば、教育経営の主体は教委以外にも存在することになり、矛盾が生じる。

また、「経営現象は組織があって初めてみられるものであり、〈中略〉組織と目的という2点を抜きにして教育経営学は成立しない」(「教育経営学」)と述べている。これはそのとおりであるが、だとすれば国際や地域は組織ではないから、国際や地域を単位とする教育経営(学)は成立しないことになる。

さらに、同じ組織といっても国や地方と学校ましてや学年や学級では全く性格を異にするから、「経営」に関しても「それぞれの単位において力の置き方に違いが出てくる」というだけでは済まされない。学級、学年、地域、国際は教育経営の単位とされているが、それらに経営の主体が存在するのか疑問である。

「教育経営における主体は、経営の単位によって多様であるが、その主要なものは、国および地方公共団体、それに国民の教育水準に直結する学校などがあげられる。したがって、教育経営は、学校を軸に教育行政と社会教育経営を内包する包括的な概念であるということができる」。

この説明ではいくつかの点が不明である。第一に「国民の教育水準に直結する学校」とは公立義務教育諸学校を意味するのであろうが、これがなぜ経営主体なのか。第二に教育経営の単位に学級、学年、地域、国際などが含まれるのに、教育経営の主体は国、地方、義務教育諸学校に限定されるのはなぜか。第三に学校法人等が教育経営の主体に含まれないのはどうしてなのか。第四に教育経営が「学校を軸に」する包括的な概念であるという理由は何か。

これから知られるのは、多くの教育経営学者と同じく、牧の思考が公立学校を中心に回転しており、私立（および国立）学校の経営など全く念頭にないということである。

3 改名変身という呪術

学校管理から学校経営へ

公立学校の管理運営に関する書物の表題として明治時代に使われていたのは「学校管理法」「学校管理術」などであったが、大正時代に入る頃から次第に「学校経営論」「学校経営学」などが併用されるようになった。その結果、学校管理と学校経営の関係が問われることにもなった。

「管理」と「経営」はどちらが上位概念と解されるべきなのか、「管理」が法規的・客観的で「経営」は理念的・主観的と考えてよいのか、「管理」と「経営」の担い手は行政機関と校長のどちらなのか、こうした論点が未解決のままに戦前からすでに「学校管理」よりも「学校経営」の方が優勢になっていた。

さらに「経営」という用語は学校経営にとどまらず、教科経営、学年経営、学級経営など学校内部に氾濫するようになった。これは法規主義的な学校管理が地域社会や学校の個別的な事情を無視し、全国画一的な教育を強いてきたことへの反発であり、教員たちの主体性や自己主張の欲求を反映するものだったと説明されてきた。

ただし、「学校管理」が全く使われなくなったというわけではない。たとえば戦後になっても上村福幸東大教授は教育学の「最も普通に用いられる区分」の一つとして「学校経営」ではなく「学校管理」をあげている[45]。

しかし、政治の変革と教育改革により民主化され、地方分権化された戦後の教育界では戦前以上に「管理」は敬遠され、「経営」が好まれる傾向が強まっていった。このように戦前・戦後を通じて「学校管理」から「学校経営」へという流れは認められるが、それは理論的根拠に基づくものではなかった。

用語を変えて悪いということはないし、名称を変えることで関係者の問題意識が変わることもあるから、全く無意味とは断定できない。しかし、肝心なのは名称変更によって学校の教育活動が実際にどれほど改善されたかということである。

これが全く立証されていない以上、名称の変更で現実に変化が生じると信じるのはおよそ学術的ではなく、呪術的というほかないが、こうした傾向は戦後もやまなかった。それどころか、前述したように「学校行政」「教育管理」「教育経営」も加わり、多くの用語が明確な定義もせずに使われるようになるなど、関係用語の混乱はさらにひどくなった。

さらに「教育経営」へ

そうした状況のなかで教育経営という用語が優勢となっていった。教育経営は教育行政や社会教育を含む広域概念とされるが、学校経営の領域も厳密に限定されていなかったから、実質的に大きな違いはない。結局のところ、改名によって期待したような成果は得られず、むしろ混乱が大きくなっただけのように思われる。

教育経営には経営の主体を教育委員会、対象を地域社会における教育活動とする説と主体を校長、対象を学校とする説があるが、後者の場合は学校経営と実質的に違いがなく、なぜ教育経営なのか首を捻らざるを得ない。金子照基・中留武昭編『教育経営の改善研究事典』(46)などがその事例である。

まず、「企画・編集にあたって」には「本事典が学校経営者、教育行政関係者をはじめ多くの教師の方々の研究と実践に」役立つよう「全国の新進気鋭の教育経営研究者」が執筆したとあるが、なぜ「学校経営者」のための参考書が「学校経営研究者」ではなく「教育経営研究者」によって書かれるのかということからして不可解である。

次に、この『事典』は「教育経営の基礎理論、学校改善を目指す教育経営、学校を活性化する組織と運営、学校を生かす教育課程の経営、個性を生かす学年・学級経営、生き方を育てる生徒指導の経営、自己決定力を育む進路指導の経営、特別活動を活性化する教育経営、教師の力量を高める教育経営、学校の教育力を高める教職員人事、教育経営の改善を図る学校財政、生涯学習時代の教育経営、地域・家庭に開かれた学校づくり、自己改善を促す学校評価、学習環境を見直す教育経営」の15章からなっている。

それぞれの章には「改善、活性化、活かす、高める」など、「改善研究」という書名にふさわしい修飾語が付されているが、その内容は「学校経営」と題する従来の書物とほとんど変わらない。また、「生き方を育てる生徒指導経営」「自己決定力を育む進路指導経営」などは「経営」が不要であり、「学習環境を見直す教育経営」の教育経営は「学校運営」で足りる。

金子は教育経営も学校経営と同じく対象は学校であると解しているが、にもかかわらず教育経営と称するのは、それまでの学校経営が画一的で、しかも社会に開かれていなかったのを改善するためであるとし、次のように述べている(47)。

「これまでの学校経営論が、全国的な教育水準の下で画一的な教育活動を行う一つの教育組織体として、効率的な教育機能をいかに発揮するかを追求してきた」。教育経営論は、「学校を組織単位にしつつも、『開かれた学校』として多様な形態において、学習者に焦点をあてた教育活動の協働的システムを形成することを課題とし」、「教育の営みを、学校を含めて地域社会として全体的に関連づけ、統合された教育活動へ志向することによって、教育の目的の効果的な達成をめざした」ものである。

しかし、名称を変えるだけでどうしてそうなるのか不思議であるだけでなく、次のような疑問が生じる。まず、国民の形成を基本的な任務とする初等中等教育は全国的な教育水準から大きく離れることなく実施される必要があるし、膨大な費用負担を考えるならばそれが効率的に遂行されることもまた不可欠とされる。

次に、学校は多少の違いはあれ、ある程度社会に閉ざされた存在であるところに意義がある。したがって、社会に開かれさえすればよいというものではなく、どの程度どのように開くかが肝心である。また、地域社会に開かれた学校にすることと地域社会における教育を統合することとは同じではないし、後者に関しては誰がどのように統合するのかも問われる。

それ以上に問題なのは、教育経営論から学校経営論に対して行われるこの種の批判は、かつて学校経営論が学校管理論に対し行ってきた批判とあまり変わらないことである。同じような批判がくり返されるのは、「学校管理」から「学校経営」への改称がさほど実質的な効果がなかったことを裏書きしている。

そうである以上、「学校経営」から「教育経営」に再度改名したところで「学校管理」を「学校経営」に変えたことの二の舞を演じる確率が高いといえよう。

地域教育経営論

「学校経営」から「教育経営」への転換を求める根拠の一つが、学校内に閉ざされた状況から脱し、地域に開かれた観点から教育を考えるべきだという「開かれた学校経営」の主張である。この「地域社会から」という観点を明確に打ち出した岡東壽隆広島大学教授（元日本教育経営学会長）は次のように定義している。

「一定地域のなかで人々の教育・学習に関係する者が、教育の実態を直視し、教育観や理念の共通理解を深めながら、地域の教育目標や課題を設定し、その達成に向かって教育領域や機能の分担を図り、教育資源を最大限に活用し、相互に連携することによって、総体として人々の教育・学習を促進する営み[48]」。

しかし、「一定地域」では抽象的に過ぎる。というのも地域が都道府県か、市区町村か、集落かで話は変わってくるからである。また、経営という以上、経営の主体が必要となるが、個別の施設や機関を経営・管理する主体はあっても、地域教育経営の主体なるものは存在しない。

結局のところ、この定義が意味するのは地域社会における望ましい教育活動のあり方でしかなく、それを地域教育経営と呼ぶ理由は見出せない。これより若干具体的なのが教育経営を地域社会における教育条件整備とする見解である。

たとえば、牧昌見元学会長は教育経営を「教育の目的を達成するための諸条件を整備し、これを有機的に運営する営みの総体をいう」と定義したうえで、この用語が使われるようになった背景を次のように説明している。なお、前述したように「教育経営」という概念は昭和20年代からすでに使われており、40年代からというのは認識不足である。

教育経営は「昭和40年代に入ってから誕生したまだ新しい概念で」、「教育行政、学校経営、社会教育経営からなる」。「単位学校の内部経営を意味」する学校経営という用語では「今日当面している問題の解決にはならないという認識が生じてきた。そこで、地方教育委員会を経営の主体として位置づけ、その中で個々の学校の経営や校長の役割を考えるのみでなく、社会教育をも含む地域への教育サービスを検討する必要があるという発想から、教育経営の概念がひろまりをみせた」(49)。

しかし、教育基本法（旧法）11条が規定していたように教育目的達成のための諸条件の整備は本来教育行政の任務であり、これには学校および社会教育施設の設置・管理を含むから（学校教育法5条、社会教育法5条、地方教育行政法21条1号）、「教育経営」という用語を必要としない。

また、牧が教育行政、学校経営、社会教育経営の上位に置く教育経営の主体が存在しないし、とくに社会教育施設の経営ならばともかく、社会教育経営が何を意味するのかは全く不明である。さらに、「学校経営」では解決できない当面する問題が「教育経営」に改名すればなぜ解決が可能となるのか、その根拠が示されていない。

教委主体の教育経営論

教育経営論のなかで単位学校経営論との違いが認められるのは、河野重男お茶の水女子大学教授のように地域社会におけるすべての教育活動を教育委員会が統合的に運用すべきだという説である。

「これまでの学校経営論では、おおむね個々の学校を単位として捉え、校長を経営者と見なす見解が有力であったが、これからの学校経営は、〈中略〉教育委員会を経営の主体として捉え、その中で個々の学校の経営や校長の位置づけを考えていくことが必要になってきている」。「教育と言えば学校教育のことだけを考え、また教育の経営といえば、（中略）個別的内部経営としての学校経営だけを考えてきた」が、「改めてより広い観点から（中略）これまでの観念や慣行を再検討してみる必要がある」[50]。

彼はそうした見地から次のような主張を展開する。これまでの学校経営は個々の学校を経営の単位として捉えその内部経営の問題に終始し、また諸科学の研究成果を基礎にすることもなく、単なる法解釈か校長の主観による「閉じられた学校経営」であった。これからは生涯教育の視点に立って家庭教育、社会教育、企業内教育など社会のあらゆる教育作用との総合化、統合化を図り、諸科学の成果を統合するという二重の意味で「開かれた学校経営」が志向されるべきである[51]。

しかし、少し考えてみればわかるようにあらゆる教育作用の統合などできるはずがない。

それに「社会が学校教育に持ち込む過度の要望から学校教育本来の活動を守る」必要もあり[52]、学校が社会に対して主体性・自律性を有することもまた重要である。

したがって「開かれた学校」が万能なわけではなく、社会にどの程度開くかは各学校の教育理念やその社会で学校が期待される役割によって一様ではない。僧院のように閉ざされた学校があってもよいし、公立学校であっても街の喧騒から離れた「丘の上の学校」が理想とされることもある。そもそも社会に全く一体化したのでは学校の存在意義がなくなってしまう以上、両者の間には一定の敷居があって然るべきである。

地域に開かれていた学校という点では江戸時代からの伝統を色濃く残していた戦前の学校、とくに明治時代の小学校の方が今日のそれと比べてはるかに優れていた[53]。私が児童として在学した村立の小学校も敷地内だけでなく、校舎内にも自由に出入りでき、今日の学校と比べて物理的にはもちろん心理的にもはるかに開かれていた。

次に、「諸科学の研究成果を基礎とする学校経営」というが、学校経営の基礎としうる諸科学の研究成果にどのようなものがあるのか。また、そうした研究成果の統合はどうすれば可能となるのか。はたして校長にそのようなことができるのか。校長でないとすれば誰がそれを行うのか――といった問題に関する具体的な説明が欠けている。

そうした点が明確にされない限り、学校経営を教育経営に改称すれば学校が社会に開かれ、諸科学の研究成果の統合と教育作用の総合化が図られるというのは、手品のような話である。公立学校の経営を教委単位で捉えること、地方の教育施策策定に当たって生涯学習や教育計画の観点を加えることに異存はないが、そのために「教育経営」という用語を使う必要は全くない。

市町村経営の論理

教育経営論の中心は学校経営論であり、公立小・中学校を対象とするものが多いが、経営の対象が公立の小・中学校であれば経営の主体は本来設置者である市町村ということになる。そのため学校経営論と市町村経営論の関係が注目されるが、学校経営の近代化が叫ばれたのと同じ頃に市町村行政に企業経営的な観念と手法を導入する必要が唱道された。

たとえばその当時、自治省の振興課長は「市町村経営という言葉は漸く熟しつつあり、われわれは、この言葉を使うことにほとんど抵抗を感じないようになった」として、次のように述べていた(54)。

市町村経営論の内容は従来市町村の行政運営の問題として論じられてきたことの延長であるが、「これをあえて『経営』と呼ぶゆえんは」市町村が国の出先機関のような単なる行政機関ではなく「生きた一つの自治体である」こと、「企業でも用いられている新時代の経営技法を最高度に活用すること」にある。

といっても、任意団体であり、最終目的が利潤の獲得にある企業と住民福祉の向上である権力主体の市町村と同じではないが、人が集まって組織を形成し人と物を相手に事業を行っていく点など、両者は相違点よりも共通点の方が多く、同一性を認識する方が相違点を強調するよりも生産的である。

市町村と企業は経営という観点からすればわれわれ自治体関係者が思っているほど

異質なものではない。むろん、企業経営の手法を導入するに当たってはある程度適応の過程を必要とするが、限界性のみを強調するのではなく、もっと積極的な姿勢をとるべきである。

この場合の経営とは「事業を運営するにあたって、与えられた資源――これは金またはそれから分化した人および物という形をとっている――を最も効果的に使用し、事業の目的を最大限に達成すること」であり、「市町村経営論とは、市町村がその与えられた資源を最も有効に活用して、住民に対する最大のサービスを生み出す方法論である」。

しかし、企業と市町村では等しく事業の運営をしているといっても、肝心の資金調達が同じではない。市町村はその財源の多くを国からの負担金・補助金および地方交付税によって賄っており、自主財源である市町村税の種類や税率なども法律で規定されている。その点では実質的に「与えられた資源」であるのに対し、企業の場合は原則として資源が与えられることはなく、自ら獲得しなければならない。

したがって、公立学校の経営論と同じく市町村経営論もその趣旨やそれを主張したくなる気持ちは理解できるが、すでに述べたように一般的な意味での「経営」が資金を調達することを前提とするものである以上、市町村経営なるものが限られた範囲でしか成立しないことが理解されよう。

市町村が設置する教育施設の経営主体をあえて問うならばその答えは市町村ということになるが、義務教育である小・中学校に関しては最大費目である教職員給与費が都道府県負担であり、それと関連して教職員人事の権限も制約を受けている。したがって、市町村を経営主体と解したところで裁量の余地はきわめて乏しい。

大学等を除いて市町村立学校は市町村教育委員会の所管に属する点では市町村教委を経営主体ということもできるが、教委も自ら資金の調達に当たることはない。そのため教委主体の学校経営は市町村経営以上に裁量の余地は乏しいし、校長主体の学校経営は市町村主体の学校経営以上に割り当てられた資源の有効活用にとどまらざるをえない。

ということは、それが一般にいわれる「経営」ではなく、学校という教育機関の運営であることを意味している。とはいえ、国公立大学が法人化に伴って資金調達に取り組まざるをえなくなったことからもわかるように、公立学校といえども潜在的にこの問題と無関係ではありえない。

〈注〉

(1)伊藤和衛『学校経営概説』高陵社、1968年、53頁。

(2)吉本二郎・永岡順編『学校経営総合文献目録』第一法規、1977年、1頁。

(3)高石邦男『学校経営の法律常識』明治図書、1966年。

(4)岸本孝次郎・吉田正晴編著『現代学校経営』福村書店、1980年、10頁。

(5)森岡常蔵「学校管理」『教育学辞典』第1巻、岩波書店、1936年、289頁。

(6)安藤尭雄『国民学校経営原論』教育科学社、1943年、1〜2頁。

(7)大塚三七雄「学校管理」「学校経営」『教育学事典　第1巻』平凡社、1954年。

(8)安藤尭雄「学校管理の基本問題」東京教育大学教育学研究室編『教育大学講座続　第4巻(学校管理)』金子書房、1955年、7頁、14頁。

(9)細谷俊夫「学校経営」、海後宗臣他監修『教育経営事典　第1巻』、帝国地方行政学会、1972年、271〜272頁。

(10)児島邦宏「学校経営」『新教育学大事典　第1巻』第一法規、1990年、539頁。

(11)教師養成研究会編『教師養成研究会叢書第6集　学校管理―民主的教育の組織と運営―』学芸図書、1950年。凡例、1頁。

(12)安藤尭雄、前掲(8)の論文、46頁。

(13)文部省編『小学校経営の手引』学芸図書、1949年2月。文部省学校教育局『新制中学校・高等学校　望ましい運営の指針』教育問題調査所、1949年4月。『中学校・高等学校管理の手引』教育問題調査所、1950年3月。

(14)東京教育大学教育学研究室篇『教育大学講座』全36巻・金子書房。『第7巻教育行財政』1951年、『第13巻学校行政』、1950年。

(15)武田一郎「学校行政」前掲『学校行政』4頁。

(16)高木太郎「学校行政」相良惟一編『学校行政事典』誠文堂新光社、1958年、96頁。
(17)高野桂一「学校経営」日本教育社会学会編『新教育社会学辞典』東洋館出版、1986年、110〜111頁。
(18)大嶋三男・持田栄一・宮田丈夫編『教育学叢書第5　教育管理学』誠信書房、1961年、3頁。
(19)持田栄一「現代教育経営をどう捉えるか」『現代教育経営の基本』明治図書、1968年、17〜18頁。
(20)持田栄一『持田栄一著作集』全6巻、明治図書、1980年。
(21)持田栄一『持田栄一著作集』第1巻、明治図書、1980年、33頁、37頁。
(22)福田昭昌『明解　教育管理の基礎知識』教育開発研究所、1974年、5頁。
(23)中留武昭「教育管理」牧昌見編『新学校用語辞典』ぎょうせい、1993年、275頁。
(24)波多江明他著『学校運営辞典』日本出版、1955年。
(25)武田一郎「学校の運営」東京教育大学教育学研究室編『教育大学講座続　第4巻（学校管理）』金子書房、1955年、58〜59頁。
(26)永岡順「学校運営」菱村幸彦・下村哲夫編『教育法規大辞典』エム・ティ出版、1994年、89頁。
(27)牧昌見「学校運営」海後宗臣他監修『教育経営事典　第1巻』帝国地方行政学会、1972年、282頁。
(28)中留武昭「学校運営」牧昌見編『新学校用語辞典』ぎょうせい、1993年、154頁。
(29)注(27)と同じ。
(30)注(28)と同じ、154頁。
(31)中留武昭『戦後学校経営の軌跡と課題』教育開発研究所、1984年、312頁。
(32)天城勲『学校教育法逐条解説』学陽書房、1954年、44〜45頁。
(33)海後宗臣他「監修にあたって」海後宗臣他監修『教育経営事典　第1巻』帝国地方行政学会、1973年、1頁。
(34)細谷俊夫他「編集のことば」海後宗臣他監修『教育経営事典　第1巻』帝国地方行政学会、1973年、4頁。
(35)大嶋三男「教育経営」海後宗臣他監修『教育経営事典　第2巻』帝国地方行政学会、1973年、67頁。
(36)河野重男「教育経営 educational administration」『新教育学事典　第2巻』第一法規、1990年、226頁。

(37)小島弘道「教育経営」「教育経営学」今野喜清他編『学校教育辞典』教育出版、2003年、191〜192頁。
(38)藤原和博『藤原和博の『創造的』学校マネジメント講座』教育開発研究所、2014年。
(39)椎名美智他訳『完訳キーワード辞典』平凡社、2002年、189〜190頁。(原著R. Williams, *Keywords : A Vocabulary of Culture and Society*, 1976.)
(40)M.Hughes et.al. (eds), *Managing Education : The System and the Institution*, 1985. P.XI
(41)市川昭午「教育事務研究の対象と課題」『日本教育事務学会年報』第1号、2014年、8〜22頁。
(42)牧昌見「教育経営と教育行政」河野重男・永岡順編著『現代の教育経営』教育学講座第19巻、学習研究社、1979年、62頁、69〜70頁。
(43)小島弘道「教育経営研究者の養成」日本教育経営学会編『教育経営における研究と実践』学文社、2018年、212頁。
(44)牧昌見編『新学校用語辞典』ぎょうせい、1993年。
(45)上村福幸「教育原理」東京大学教育学部研究室編『教育研究入門』学芸図書、1951年、14頁。
(46)金子照基・中留武昭編『教育経営の改善研究事典』学校運営研究会、1994年。
(47)金子照基「序章 教育経営の基礎理論」金子照基・中留武昭編『教育経営の改善研究事典』学校運営研究会、1994年、2頁。
(48)岡東壽隆「青少年の問題行動と地域教育経営」日本教育経営学会編『シリーズ教育の経営4 生涯学習社会における教育経営』玉川大学出版部、2000年、257頁。
(49)牧昌見「教育経営」高倉翔他編『現代学校経営用語辞典』第一法規、1980年、78頁。
(50)河野重男『教育経営』第一法規、1969年、14頁、28頁。
(51)河野重男「教育経営」日本教育社会学会編『新教育社会学辞典』東洋館、1986年、163頁。
(52)林部一二『学校管理の本質』明治図書、1966年、129頁。
(53)橋本昭彦「手習塾から小学校へ」鈴木健一編『明治の教養—変容する和・漢・洋』勉誠出版、2020年、117頁。
(54)遠藤文夫『市町村の経営』第一法規出版、1969年、25〜30頁。

第Ⅲ章

教育の経営学と教育経営の学

1 〝教育経営〟という妖怪

耳慣れない異様な言葉

「学校経営」という教育界の業界用語が一般の人々にとって違和感があることは既述したが、それ以上に異様に思われるのは「教育経営」という用語であろう。学校管理はもともと法令用語であり、学校経営も現在では法律用語であるが、教育経営は法律にもなければ由来も定かでないままに、一部の官僚や教育学者によって使われるようになった。

周郷博お茶の水女子大学教授は同じ大学の同僚だった後輩の河野重男著『教育経営』にかかわって次のように皮肉っている。「『教育経営』ということばは、耳なれないことばで、聞く人に異様なひびきをあたえる」。「異様なひびきをもつことばは現在、巷間に氾濫している」。「とりわけ教育界の流行語ときたら、ことばというものが当然持っているはずのロジックもなしに一時使われて何物も『生みだす』ことなしに消え去って行くことばがおおい」(1)。

確かに戦後アメリカ占領軍によって持ち込まれた「学校行政」(school administration)、あるいは1960年代に生まれた「教育管理(学)」といった用語は、周郷の指摘どおりさほど一般化せず、しばらくすると消え去ってしまった。しかし、なぜか「教育経営(学)」という用語は今日でもなお使われている。

それどころか、1958年には教育経営学会が結成され、毎年研究大会を開催、研究紀要を刊行している。1972年には学会の指導的メンバーを中心に『教育経営事典』(2)が刊行されている。そうしたことから今日の教育界では教育経営という用語は必ずしも「耳慣れない言葉」ではなくなっているかもしれない。

しかし、それでもなお依然として「異様な言葉」であることに変わりはない。それはまずこの用語がはなはだ多義的で曖昧なことによる。それに加えて、つかみどころがないところは妖怪のようであり、言葉だけあって実体が存在しないところは幽霊のようでもある。それだけにその正体を明らかにする必要がある。

そこで教育関係の辞（事）典について「教育経営」がどのように定義され、それが使われる理由をどう説明されているかを見てみる。

多義的で実体がない

まず、山田栄東京教育大学教授他編の『教育学小辞典』(3)は「教育経営とは、国民の教育を受ける権利を保障する公教育の組織的な管理運営」であり、「学校経営・教育行政・私学経営・企業内教育・社会教育等の上位概念であり、かつそれらの統合概念である」としているが、この定義は以下のような理由から全く理解不可能というほかない。

第一にこの定義では「経営」と「管理運営」が同義とされているが、そうだとすれば管理運営で足り、あえて「教育経営」という用語を使う必要はなくなる。また、管理運営は組織的に行われるのが普通だから、「組織的」という形容詞も不要で「公教育の管理運営」で足りる。

第二に公教育の概念が支離滅裂である。この定義では教育経営の下位概念として学校経営と私学経営が並置されているから、ここでいう学校経営は私立学校の経営を含まず、国公立学校だけを対象とするように解される。その一方で私学教育どころか企業内教育まで公教育に含めており、教育と名がつけばすべて公的なものと解されている。

第三に学校経営・教育行政・私学経営・企業内教育・社会教育などを統合する教育経営の主体は誰なのかという最も肝心な点が不明である。そもそも社会で行われているすべての教育活動が組織的に管理運営されているわけではない。

第四にこの辞典には「教育経営」のほかに「教育行政学」の項目があるが、いずれも英訳がeducational administrationとなっており、「教育経営」=「教育行政」と解することも可能となる。したがって、教育経営が教育行政の上位概念とされることとどういう関係になるのかが問われるが、この点に関する具体的な説明がない。

第五に「わが国では教師集団と教育行政との不正常な対立関係を解消する方法的用語として、この教育経営概念が生まれた」と書いているが、「教育行政」を「教育経営」と言い換えるだけで両者の対立関係が解消できるのであれば誰も苦労しない。どうしてそうなるのか摩訶不思議と言うほかない。

教育の論理に立つ条件整備？

次に高野桂一九州大学教授（元日本教育経営学会会長）は「第二次世界大戦後、特に昭和30年代後半から、従来の教育行政、学校管理、学校経営等の用語とは別に『教育経営』という用語が用いられるようになった」とし、その理由を次のように説明している(4)。

まず、「法規解釈中心の教育行政論や学校管理論ではなく、よりリアルな教育現場の教育の実践に目を向け、教育の論理に立つ教育の条件整備論を構築するにふさわしい用語が求められた」。次に「学校内部に閉塞する従来の学校管理論や学校経営論と異なり、より広く地域を単位にした地域教育経営を内包させようとする動機づけにもよる」。さらに学校教育のみならず社会教育、学術文化、生涯教育の経営を含めた「トータルな経営論として教育経営学を構築しようとする動きもみられた」。

しかし、以下のような理由からこの説明も理解しがたい。第一に従来の教育行政論や学校管理論が法規解釈中心だった、あるいは学校内部に閉塞する傾向があったにしても、すべてがそうだったわけではない。仮にそうだったとしても、そうではない教育行政論や学校管理論を構築するのが先決であろう。そうした教育行政論や学校管理論を構築することなく、名称を変更すれば可能であるかのように言うのは本末転倒の誹りを免れない。

第二に教育現場の教育実践がリアルであるのは当然のことだし、「教育の論理」とは教育学者が好んで振り回す魔法の杖のようなもので、「教育の論理に立つ条件整備」とは具体的にいかなるものか不明である。また、なぜ用語を変えれば「より教育現場の実践に目を向ける」ようになるのか、「教育の論理に立つ条件整備」になるのか。納得できるような説明がない。

第三に「地域を単位にした地域教育経営」は学校単位では成り立たないし、教育委員会を主体とするのであれば当然のことである。したがって、そのいずれであっても名称を変更する意味はない。

第四に社会教育、学術文化、生涯教育を対象に含めた教育行政はあり得るが、そのすべてを統合した「トータルな経営」などおよそ不可能なことは、誰がその経営主体となりうるのかを考えてみればわかるはずである。

特殊経営学ではない

学問研究が〇〇学と称するには、固有の研究対象領域または独自の研究方法を有する必要がある。そのため、教育経営学は教育経営を研究する学問なのか、それとも教育活動を経営学的に研究する学問なのか、が問われる。前者は「教育経営」をさまざまな手法により研究する「教育経営の学」であり、後者は教育を経営学的手法で研究する「教育の経営学」である。

日本教育経営学会創立40周年記念出版〈シリーズ　教育の経営〉[5]の「刊行に当たって」では「特殊経営学たる教育経営学」とされており、そうだとすれば「教育の経営学」ということになるが、これまでの研究内容から見るとそうではなく、基本的に「教育経営の学」のように解される。

事実、学会は「教育経営研究の方法」として以下のように多くの研究法をあげている。１９８８年第28回大会の課題研究では「経営学、社会学、教育法学、比較教育学、行政学」的方法、２０００年刊行の『教育経営研究の理論と軌跡』[6]では「理論、比較、歴史、法制、経営学、社会学、社会心理学、民族誌」的研究、２０１８年の『教育経営ハンドブック』[7]では「臨床的アプローチ、質的調査、量的調査、歴史研究、比較研究」である。

このように学会の教育経営研究は経営学的方法だけでなく、社会学、法学、行政学、心理学、民族学、歴史学、哲学、工学などさまざまな手法で行われており、その意味で「教育経営の学」である。このなかで経営学的研究は１９８８年には筆頭にあげられていたのが、２０００年には中位に位置するようになり、２０１８年には消えてしまっている。

経営学自体が領域的な学問であって研究方法が特定されているわけではないものの、これまで30年（１９８８〜２０１８年）の間に教育経営学における経営学的研究の比重が低下してきていることがうかがえる。それだけ実体のない経営という用語に固執する意味も薄れてきているといえよう。

意味が四通りある教育経営

教育経営学の研究方法が多様であってもかまわないが、問題は研究対象とされる教育経営の意味が不確定なことである。教育を専門の業務として担う学校など教育施設の経営ならわかるが、教育一般の経営などというものは存在しない。

教育経営という言葉は教育界にかなり浸透してきているものの、その意味は多様である。元日本教育経営学会長の小島弘道筑波大学教授も教育経営学の対象とされる「教育経営」が以下のように四通りの意味で使われていることを指摘し、解決されるべき課題が多いことを率直に認めている。

第一に、「公教育の経営」というように教育機関にとどまらず、国・地方公共団体が教育を組織・運営する行為、すなわち教育行政をいうが、この場合の教育行政は国や地方の行政活動のうち指導行政に限られる。

第二に、学校の諸活動のうち教育活動に限定した経営行為をいうが、この場合には学校経営が教育経営を下部領域とする包括概念となる。

第三に、「地域教育経営」という場合は地方教育行政のあり方を意味する。

第四に、教育行政のスタイルとは区別された教育運営のスタイルを追求したいという意味で、日本教育経営学会創設の問題意識がこれである。

このように教育経営という用語は「多義的で包括的な概念であり、あいまいでもある。言葉が先行し、その意味づけ、概念化はそのあとを追っているというのが実際の姿で」あり、教育経営学に「理論的にも実践的にも解決しなければならない課題は多い」ことは元学会長自らが指摘している(8)。

外部から見て不可解なのは、ことさらに研究の学術性を強調する学会がそうした多義的で曖昧な概念をなぜ使い続けるのかということである。

経営の主体がなく、対象も不明

同じく元学会長の堀内孜京都教育大学教授も「『学校経営』が『学校』という組織実体を対象とするのに対して、『教育経営』の対象が『教育』という『機能』であることからの問題がある。一般に『経営』の対象が『組織体』であり、『病院経営』に対する『医療経営』、『農場経営』に対する『農業経営』の範疇がきわめて曖昧になるように、『教育経営』の実体的定義も困難である」と書いている。

このように彼は教育経営概念の問題点を的確に指摘しているが、にもかかわらず教育経営では不適切だからほかの用語に変えようといった提案はしていない。そうではなく、「『学校経営を核として内包する教育活動、教育組織を対象とする統括作用』との捉え方が、妥当かつ公約数的である」[9]と述べるにとどまっている。

しかし、そもそも「学校経営を核として内包する教育活動、教育組織を対象とする統括作用」とは何のことか、いったいその統括作用を誰が行うのか不明である。しかも同じく元会長の牧昌見によれば「教育経営の単位には、学級、学年、学校、地域、市町村、都道府県、国、国際などの各レベルがある」[10]という。そうだとすれば、それらをすべて統括するなどということなどおよそ不可能であり、これまたきわめて曖昧な定義といわざるを得ない。

このように小島も堀内も「教育経営」が不適切な概念であることはよく承知しなが

ら、なぜこれを改めずに使い続けているのか。傍目には不可解であるが、そこまで踏み切れないのはやはり元学会長として憚りがあるのだろうか。

一見したところ「教育経営」という用語は「学校経営」と比べて領域を拡大したようにに見えるが、内実ではさほど変わっておらず、羊頭狗肉の感は否めない。それだけでなく、次の点で学校経営以上に問題がある用語といわれなければならない。

その第一は、経営の主体が全く不明になることである。教育行政であれば教育行政機関、すなわち文部科学省や教育委員会、私学経営であれば理事会、学校管理であれば学校設置者など、行政や経営あるいは管理の主体は決まっている。公立学校の場合には管理（経営）の主体が教育委員会か校長かといった論争はあるものの、主体は間違いなく存在する。

第二に、教育経営の場合には「教育」も「経営」も組織ではなく機能であり、したがって、機能が重複している反面で、経営の主体だけでなく対象も不明である。社会におけるすべての教育活動を対象とする教育経営などというものはありえない。企業経営とはいうが経済経営とはいわないし、農業経営といわれるのは農場経営あるいは農家経営のことである。同様に学校経営はありうるが、教育経営は存在しない。

② 教育の「経営学」ではない

「経営学」導入の試みと失敗

学校経営学や教育経営学は、学校その他の教育施設の管理運営について経営学的に研究するというよりは、学校等の管理運営についてさまざまな方法で研究する「学校運営の学」というのが実態のようであるが、学校経営あるいは教育経営と称し、学校経営学、教育経営学と名乗る以上は、企業経営や経営学との関係が問われることになる。

企業には例外的に国営企業、公営企業、協同組合など営利を目的としないものもあるが、通常は営利を目的として経済事業を行う組織体である。また、経営学とは企業の経営活動を対象に企業の行動原理や経営管理の仕組みを解明することにより間接的ながら経営活動の実現を目的とする学問である。

学校教育法1条が規定する学校は営利を目的としない点では民間企業とは違うが、事業を行う組織体という点では類似性がある。とくに高等教育機関は私立が圧倒的な割合を占めるだけでなく、国・公立大学も法人による経営になったことも加わって企業的性格を無視できなくなった。

それに比べると、公立の初等中等教育機関は教育委員会という行政機関の管理下にあり、財源の調達等を行わない点で企業的性格は乏しいが、組織の一種である以上、企業経営に関する知見を利用する余地はある。したがって、学校運営やその研究に経営学の成果を導入しようとする動きが出てきても不思議ではない。

今ではすっかり忘れられたような状況になっているが、いまだ「学校経営」と称するのが一般的だった1960〜70年代にかけては、一部の先進的な研究者により公立学校に関しても学校経営の合理化や効率化さらには民主化の必要が唱えられ、「学校経営の近代化」をスローガンにアメリカで盛んだった経営学的手法の導入が試みられた。

といっても、経営学がmanagement studiesと複数形であることからうかがえるように経営学自体が領域学であり、研究方法はさまざまである。学校経営学は公立学校を主要な対象としたこともあって、経営学の成果を導入するといってもその範囲は組織論や人材管理などにとどまり、コーポレート・ファイナンスやマーケティングなどには及ばなかった。

伊藤和衛東京教育大学教授による科学的管理法[11]や高野桂一九州大学教授による人間関係論の導入[12]などがその代表的事例である。

たとえば、伊藤は「私経営と公経営、私企業と行政との間にはいろいろの差異はある」「けれども、経営という点では基本的に同じ」である。学校経営を特殊なものとは見ず、「『経営一般』の論理で学校経営も説明が原則的につくのだという前提に立」って経営学的手法を導入し、公立学校経営の近代化を図るべきだと主張していた[13]。

このように学校経営学の時代には経営学的研究もけっこう盛んであり、企業経営の理論そのものを導入しようとする動きも見られた。私もその当時、伊藤および高野両先輩の学説に見られる問題点について論じている[14]。

しかし、経営学の対象である企業と教育経営学の主要な対象である学校とでは規模が大きく異なる。経営学はビッグ・ビジネスの成立に伴って形成され、大企業などの巨大組織の管理運営を合理化・効率化することを課題として発展してきたものである。

ところが、教育経営学が実際に主要な対象とする公立小・中・高校の多くは企業規模とすれば中小企業の部類に属する。したがって通常規模の公立学校に経営学をそのまま適用するのは適切ではない。たとえば経営論の一部であるリーダーシップ論にしても、いわゆるビジネス・リーダーシップは大企業のトップ経営者に求められるものである。マンモス大学の学長であればともかく、平均教職員数が20～30人の公立の小・中校長に求められるものとは異なる。

ちなみに中小企業基本法2条は該当するサービス業の企業規模を従業員100人以下と規定している。したがって、経営学的知見の多くは学校運営にとって不要であり、さほど役に立たない確率が高い。

1960年代に科学的管理法や人間関係論など経営学理論を学校経営に導入しようとする努力がなされたが、後継世代によってそれが継承されないままに終わってしまったようである。経営学理論が公立学校とは桁外れな大規模経営を想定するものであったことがその理由の一つといえよう。

いずれにしても「学校の経営学」は教育経営学の時代になってから次第に衰微してきており、その結果、日本教育経営学会の常任理事である青木栄一東北大学教授によると、最近では「教育経営学では経営学を参照する人はほとんどいませんからディシプリンがない」という状況となっている。[15]

といっても、教育経営学を「教育の経営学」と解する会員が皆無というわけではない。たとえば、浅野良一はそうした見地から近年においてもなお次のように述べている。[16]

「さまざまな業種に共通する経営の仕組みや運用を扱うのが『一般経営学』であり、各業種の特殊な経営は『特殊経営学』と呼んでいる。したがって、工業経営や流通経営、行政経営があり、教育経営もこの論でいくと、教育という業種に特化した特殊経営学であり、一般経営学との共通部分をもちながらも、教育経営独自のものがあると思われる」。

結局は教育〝経営〟の学

70年代頃までは有力な研究者によって「特殊経営学としての教育経営学」が主張された。「今日の会社企業・官庁・病院・学校等のあらゆる組織体は、何らかの意味で上記の経営学理論の系譜の影響の下で経営の一般理論を確立しつつ、また各組織の特質に即した特殊経営学理論の構築を志向している。今後の学校は、とくに特殊経営学としての教育経営学の確立を要請している」[17]というのである。

このように教育経営学とは教育を対象とする経営学的研究だとする特殊経営学説はわかりやすく、かなり影響力を持つようになるかと思われたが、そうはならなかった。私立学校でない限りは学校経営学と同じように適用可能な範囲はかなり限定されることになるためかもしれない。

そのためか、教育経営学会幹部の経営学に対する態度はきわめて曖昧である。たとえば、元会長の牧昌見は教育経営学を「教育経営現象を分析する学問」と定義し、「必ずしも一般の経営学の方法論に依拠するものではないが、その有効性と限界をわきまえながら、教育の論理に即して研究する学問である。したがって、方法論としては、教育の目的を効果的に達成するために必要な経営的側面を対象とする関係上、①教育行政学的、②教育社会学的、③教育哲学的、④社会心理学的、⑤教育工学的、などの多様な手法を必要とする応用学の性格を強く帯びる」としている。[18]

この引用文の後段であげられている研究手法のなかになぜか経営学的手法は見当たらないし、前段については以下のような疑問が生じる。

ア）教育経営学がどこまで「一般の経営学の方法論」に依拠するのか、イ）「その有効性と限界性」はどこに見出されるのか、ウ）経営学の方法論に依拠しない場合にはどのような方法論によるのか。エ）その場合にもなお教育経営学と称するのはいかなる理由に基づくものか。オ）「教育の論理に即した研究」とは具体的にどのようなものか。牧が推奨するP‐D‐S‐Aなどは「教育の論理」に反するのではないか。

いずれにしても、経営学的手法は教育経営学の時代になってからは学校経営学の時代と比べてさほど重要視されていないようである。それどころか全く相容れないとする見解の方が学会員のなかで強いように見える。

たとえば、浜田博文元学会長は「資本主義社会において〝経営〟という用語は、民間企業が営利追求のために生産性と経済的効率性を高める営みをさす場合が多い。だから教育経営という言葉に違和感を覚える読者も多いだろうが、この語はそのような意味ではない」としている[19]。

ここから教育経営でいう〝経営〟が民間企業のそれとは違うものだということはわかるが、にもかかわらずなぜまぎらわしい用語に固執するのか理解しにくい。教育経営でいう〝経営〟とはいかなる意味なのかについても何の説明もない。ただ彼らが研究対象とする〝経営〟が民間企業のそれとは性格を異にするという認識が前述した伊藤などと違っていることだけは明白である。

浜田のように教育経営が企業経営と全く性格を異にすると考えるなら、教育経営学は教育という業界に特化した特殊経営学ではあり得ないことになる。そのこと自体はかまわないが、その場合には意味が違うにもかかわらず、なぜ教育経営学といったまぎらわしい名称を使って話を複雑にするのかの理由が問われることになる。

実態は初中学校運営の学

教育経営学は教育経営という独自の領域を対象とする学問と考えられるが、日本教育経営学会編の『教育経営ハンドブック』によれば、教育経営学の研究領域は学校経営、地域教育経営、高等教育経営、生涯学習の経営、教育課程の経営、教師教育、学年・学級経営とされている[20]。

このようにおよそ次元を異にする雑多な領域の寄せ集めであるが、実際に対象とされているのは公立初等中等学校の運営が中心である。また、「高等教育経営」なるものはこの世に存在しないから高等教育機関の経営と解されるが、そうなると、大学や高専も学校の一種だから学校経営に含まれるはずであるにもかかわらず、なぜか別立てとなっている。

これからも察しがつくように、高等教育もいちおう研究の対象領域に含められてはいるものの、表層的なものにとどまっている。その証拠に教育経営の「現代的課題」「実践的課題」とされるのは、以下のとおりすべて初等中等教育関係のものばかりである。「子ども（学力論、いじめ・不登校、子どもの貧困と格差、外国人児童生徒教育）」「学校（学校規模、学校間連携、コミュニティ・スクール、学校事務の共同実施）」「教育課程（学力と学習指導要領、少人数学級・指導、学校完全週5日制、ＩＣＴ教育）」「教員（教師の専門性と高度化、スクールリーダー、ミドルリーダー、教員の多忙化とバーンアウト）」「地域（地域の教育力、地域人材の活用、ソーシャル・キャピタル、学校支援地域本部・地域学校協働本部）」[21]。

そこには受験競争と選抜方法の改善、大学教育の普遍化と学力低下、少子化に伴う学校法人の倒産、未来展望と学生のキャリアデザインなど高等教育あるいは私立学校関連の課題は一つもない。これも学会員の問題意識が公立の小・中・高校に集中していることを如実に物語っている。

それに高等教育に関しては高等教育学会、大学教育学会、大学行政管理学会などが、社会教育や生涯学習に関しては社会教育学会や生涯学習学会など既存の学会が存在し、教育経営学会の出る幕はなさそうである。

また、「生涯学習の経営」なるものはあり得ないが、社会教育よりも広い意味の〝社会の教育〟すなわち「生涯学習事業の企画や運営」（24頁）のことのようである。さらに、「地域教育経営」が何を意味するのかは本書の解説（20〜21頁）を読んでもさっぱり理解できないが、これは執筆者の責任というよりは概念自体が成立しないからであろう。「地域教育経営」とは地域における社会教育施設の経営と解するほかない。

前掲講座の第4巻『教育経営における研究と実践』に出てくる事例も公立の小・中学校ばかりで、私立学校や大学、社会教育施設などはほとんど登場しない。同じく第2巻『現代の教育課題と教育経営』で教育課題とされているのはすべて国・公立の初等中等教育に関するもので、私学教育、高等教育、社会教育に関するものは見当たらない。私学教育、高等教育、社会教育については解決されるべき課題が一つもないかのようである。

第3巻『教育経営学の研究動向』も同様で、私学教育、高等教育、社会教育に関する研究にはほとんど触れていない。実際にはそうした領域における教育施設の経営についても研究が行われており、それが学会員である執筆者たちの目に入らないのは彼らの関心が公立学校に限定されているからであろう。

公立学校の校長学

日本教育経営学会は校長職に関する共同研究およびそれに基づく政策提言をするなど、校長の資格基準や免許状の制定には熱心に取り組んできた。しかし、そうした研究や提言の対象は公立学校長が中心であり、私立学校の校長は最初から対象外となっているが、その理由は説明されていない。

一方で教育経営学は公教育システム全体を対象とするとも主張しているから、私立学校長が除外されているのは、私立学校が公教育とは見なされていないことになる。このこと自体が誤りというのではないが、学会の研究対象が校長に関する場合でも私立学校の校長は除かれ、公立学校の校長に限られてくる。

また、学校教育法7条に規定される校長には大学の学長、高専および私立学校の校長が含まれるが、彼らは学会による校長研究の対象外であり、彼らが免許資格を必要としない点も問題とされていない。加えて学会はなぜか大学教員の免許資格制度創設の提案をしていない。それどころかこれまで検討さえしてこなかった。

さらに、大学の場合は学長だけでなく、副学長、学部長も「校務をつかさどる」（学校教育法92条3項、4項、5項）点は、小学校等の校長、副校長（学校教育法37条4項、5項）と同じである。したがって、小学校等の校長・副校長が経営者であるとすれば、大学の学長・副学長・学部長も経営者ということになるが、なぜか研究対象とされていない。

教育経営学会がいうように校長は教諭とは別に養成される必要があるとすれば、大学の学長や学部長、研究科長なども教授とは別に養成される必要があるということになる。大学に関してはその必要がないというのであれば、それはいかなる理由に基づくものか説明される必要があるが、これがなされていない。

教職大学院の設置や校長免許資格制度創設の理由としては管理職試験や行政研修あるいは自己研鑽などでは校長等の力量形成が不十分ということがあげられる。そうした主張はある程度理解できるとしても、そのことが即教員養成大学における大学院教育が不可欠ということにはならない。

失礼ながら傍目には、教職大学院が必要とされるのは校長の質保障のためという以上に、教員養成大学の教員たちの地位保障のためのように見える。少なくとも教員資格の引き上げと教職大学院の創設が一種の少子化対策であり、教員および教員養成機関の自己防衛という側面を有していたことは否定できない。

これまで説明してきたように教育経営学の実態は公立学校の運営学であり、それも伝統的な校長学と基本的に変わらない。そうした点で看板に偽りありとまでは言えないにしても、誇大広告の誹りは免れない。

誤解を避けるために付言しておくが、教育経営学なるものの実態が校長学であることが悪いといっているのではない。いたずらに領域を拡張しようとするのではなく、むしろ学校経営（運営）学であることに徹してもらいたいというのである。

③ 旗幟不鮮明で対象も不明確

危機意識の産物という神話

以上からも明らかなように特定の研究方法に基づく学問でもなく、対象となる固有の領域も定まらない教育経営学会がなぜ結成されたのか。新制大学の発足が一段落した昭和30年代にはそれまで教育学関係の主要な学会だった日本教育学会に加えて、専門分野ごとに学会を組織しようとする動きが見られたが、教育経営学会の結成もその一つと解することができる。

もっとも、教育を取り巻く政治状況の変化にその理由を求める者もいる。たとえば小島弘道元会長は「1956年制定の地方教育行政法による集権的教育行政と教育指導行政の後退は教育と学校経営の自律性への危機意識を生み、自律的に学校を運営するレーゾンデートルを『教育経営』に求めた。学校経営研究において教育経営が学校経営の核心をなすという言説が教育経営研究の本流、もしくは1つの大きな流れをつくった」と述べている(22)。

浜田博文元会長も占領終結以後における教育に対する「国家統制の強化」、公教育の量的拡大と高度経済成長に伴う産業界からの教育への「強い関与」などに「危機感を抱くさまざまな専門分野（学校経営学、教育行政学、社会教育学、教育方法学、教育社会学など）の教育研究者が、『教育経営』という包括的な概念の下で、領域横断的な社会科学的実証研究に取り組む意識を共有しながら集まった。それが本学会の出発点である」としている(23)。

しかし、国家統制の強化や産業界の関与に危機感を抱いた教育経営研究者が多かったにしても、すべての者がそうだったわけではないし、逆にその種の危機感を抱いた者は教育法学など他の学会にもいたはずである。既存の関係学会に呼びかけて連帯行動をとらず、特定分野の研究者だけが「教育経営」という旗の下に結集したのかの説明になっていない。

『教育経営事典』にも「昭和33年に教育経営学会が設立された当初の趣旨は、立場や方法の如何を問わず、従来の学校経営論をいっそう広い視野においてとらえ、その理論体系の構築や技術的な手法の提案を試みることであった」としており、およそ非政治的理由に基づくもののように書かれている(24)。

この問題について戦後学校経営研究史を書いた中留武昭元会長は「地教行法制定に

みる行政の教育支配に対する一定の批判もあったといわれているが、この点に関する明確な記録は当時残されておらず」と述べている[25]。そうだとすれば教育経営学が抵抗の学だというのは後からつくられた神話にすぎないことになる。

次に、教育経営という旗の下に領域横断的な社会科学的実証研究に取り組めば危機に対応できると考える根拠は何か、これまでにどんな研究成果が生まれ、どのようにして危機が打開されたのかなど、抵抗神話を裏づける資料も何一つ提示されていない。「敢えて『経営』という言葉が用いられるのは、学習と教育の行為者の主体性に着目するからである。〈中略〉教育現場の学習・教育活動を起点として当事者の主体性を軸に教育とその運営を創り上げることが指向されたのである。国・地方公共団体を主体とする教育行政とは区別してこの語が用いられる所以である」[26]というのも理解しにくい。

この説明では教育経営は現場指向である点が違うだけで教育行政と同じであるように解されるし、そもそも経営という用語を使えばなぜ主体性に着目することになるのか。むしろ経営とは労働者の主体性を奪いがちな行為であると解する方が一般的であろう。であればこそ各種の保護規定が制定されているのである。

もともと学習は学習者の、教育は教育者の主体性に基づく、少なくとも主体性を伴う行為であり、あえて経営という語を用いる必要はない。それに「当事者の主体性を軸に教育と運営を創り上げる」のは教育実践者であり、教育研究者が教育活動や学校運営を直接行うわけではない。

いまだ研究領域も定かでない

教育経営学は教育経営を研究対象とすることになっているが、実は研究領域さえ確定していない。その証拠に教育経営とは何を意味し、教育経営学がいかなる領域を研究の対象とするのか、日本教育経営学会の歴代会長や理事の間でも見解が大きく異なっている。

研究の対象を広く解する例としては、堀内孜元会長が公教育システム全体を教育経営学の対象領域であるとしている。「公教育経営学は、公教育という現代社会における1つの社会システム総体について、その意思決定から実施までの機能、過程、組織を分析的に解明し、またその理念―制度―実体の関係において価値的に承認された理念に基づく目的・目標達成を効果的、効率的に遂行するためのシステム設定とその操作の在り方を示すことを課題とする」というのである[27]。

学会理事の佐藤全は教育経営を堀内以上に広く解しており、公教育の範囲を超えて社会におけるすべての学習条件整備を教育経営の課題であるとする。教育経営とは「各個人の発達課題や生活課題に対応して必要とされる学習が、家庭、学校、社会において、誕生から死に至るまでの間、有効に遂行されるようにするための条件を案出し、その条件を有機的に作用させること」だというのである[28]。

浜田元学会長も、前述したように教育経営を学校経営、教育行政、社会教育、教育方法などを包括する概念としている。逆に狭く解する例としては前述したように小島弘道元会長が教育経営を「学校経営の核心をなす」としている。両者の中間に位置する牧昌見元会長の見解は、教育経営を学校経営、教育行政、社会教育経営を包摂する上位概念とする[29]。

しかし、一般会員の多くはそれより狭く学校経営と同義に解しており、このことを青木栄一学会常任理事が率直に語っている。「本学会の主たる研究領域は学校である。多くの会員は、事実上、学校経営のみを研究対象としているものの、それを教育経営学・研究として呼称している」[30]。

結局、１９５８年の学会結成から60年を迎えたというにもかかわらず、「学校経営よりも広いものをさすという点では一定のコンセンサスがあると思われる」が、「教育経営という概念についてのコンセンサスはいまだ成立していない」[31]のが実状である。

〈注〉

(1)周郷博「教育経営の〝哲学〟」『教育学叢書・月報6』第一法規、1969年、1頁。
(2)日本教育経営学会編『教育経営事典』全5巻、帝国地方行政学会、1972年。
(3)山田栄編著『教育学小辞典』協同出版、1974年、58頁。
(4)高野桂一「教育経営学」日本教育社会学会編『新教育社会学辞典』東洋館出版社、1986年、163〜164頁。
(5)日本教育経営学会編〈シリーズ教育の経営　全5巻〉玉川大学出版部、2001年。
(6)日本教育経営学会編『教育経営研究の理論と軌跡』玉川大学出版部、2000年。
(7)日本教育経営学会編『講座　現代の教育経営第5巻　教育経営ハンドブック』学文社、2018年。
(8)小島弘道「教育経営」菱村幸彦・下村哲夫編『教育法規大辞典』エムティ出版、1994年、212頁。
(9)堀内孜「学校経営」日本教育経営学会編『講座　現代の教育経営第5巻　教育経営ハンドブック』学文社、2018年、19頁。
(10)牧昌見「教育経営学」牧昌見編『新学校用語辞典』ぎょうせい、1993年、281頁。
(11)伊藤和衛『学校経営の近代化入門』明治図書、1963年。
(12)高野桂一『学校経営の科学　人間関係と組織の分析』誠信書房、1961年。
(13)伊藤和衛、前掲書、2〜3頁、16頁、18頁、21〜22頁。
(14)市川昭午『学校管理運営の組織論』明治図書、1966年。〈市川昭午著作集〉第1巻に収録、日本図書センター、2013年。
(15)青木栄一『教育学年報11　教育研究の新章』世織書房、2019年、281頁。
(16)浅野良一「経営学と教育経営学」日本教育経営学会編『講座　現代の教育経営第4巻　教育経営における研究と実践』学文社、2018年、50〜51頁。
(17)高野桂一「経営」高倉翔他編『現代学校経営用語辞典』第一法規、1980年、123頁。
(18)牧昌見「教育経営学」牧昌見編『新学校用語辞典』ぎょうせい、1993年、281頁。

(19) 浜田博文「教育経営研究の基本概念」日本教育経営学会編『教育経営ハンドブック』学文社、２０１８年、２頁。
(20) 日本教育経営学会編『講座　現代の教育経営第５巻　教育経営ハンドブック』学文社、２０１８年、18～31頁。
(21) 同上書、80～１２０頁。
(22) 日本教育経営学会編『講座　現代の教育経営第４巻　教育経営における研究と実践』学文社、２０１８年、２１２頁。
(23) 日本教育経営学会編『講座　現代の教育経営第５巻　教育経営ハンドブック』学文社、２０１８年、２頁。
(24) 大嶋三男「教育経営」海後宗臣他監修『教育経営事典　第２巻』帝国地方行政学会、１９７３年、65頁。
(25) 中留武昭『戦後学校経営の軌跡と課題』教育開発研究所、１９８４年、３１２～３１３頁。
(26) 前掲、浜田論文、２頁。
(27) 堀内孜編著『公教育経営学』学術図書出版会、１９９６年、７頁。
(28) 佐藤全「教育経営研究の現状と課題」『日本教育経営学会紀要』第38号、１９９６年、84頁。
(29) 牧昌見「教育経営と教育行政」河野重男・永岡順編著『現代の教育経営』教育学講座・第19巻、学習研究社、１９７９年、69～70頁。
(30) 青木栄一「地方教育行政における教育改革にかかる研究動向と今後の方向性」日本教育経営学会編『講座　現代の教育経営第３巻　教育経営学の研究動向』学文社、２０１８年、84頁。
(31) 藤原文雄「教育経営学における教育経営実践への視線」『講座　現代の教育経営第３巻教育経営学の研究動向』学文社、２０１８年、１５１頁。

第Ⅳ章

実践志向と法令頼み

1 教育実践と教育研究

教育は実践あるのみか

教育研究では教育実践への有用性が強調されることが多いが、これを否定する見解もまた少なくない。なかにはドイツ文学者の西尾幹二・元中央教育委員会委員のように「学問を志している人にとって、教育ほど対象があやふやで、学問的魅力を欠く世界もまたない」「教育は学問ではない。実践あるのみ」と断言する人もいる[1]。『人物で見る日本の教育』と題する本[2]に登場する人物を見ると、幕末期を除いて福沢諭吉、新島襄、西村茂樹、森有礼、津田梅子、嘉納治五郎、元田永孚、井上哲次郎、伊沢修二、牧野富太郎、成瀬仁蔵、倉橋惣三、及川平治、城戸幡太郎、安倍能成、長田新、天野貞治、林竹二、遠山啓、無着成恭の20人である。そのうち教育学者は長田ただ一人で、ほかにいわゆる現場教員の経験者として及川と無着が入っている。

また、『教育現場事典』には教育現場の人間が書いた22冊の本が「おすすめ教育実践記録」として紹介され、52人の「気になる人」の教育に関する「ひとこと」が収録されているが、そのいずれにも教育学者は一人も入っていない[3]。

前者は教育の政策や行政、私立学校の創設や教育運動に携わった人々、後者は現場教員という違いはあるものの、どちらの本も「教育は実践あるのみ」という説を裏づけるかのようである。もっとも「教育は実践がすべてであり、教育学など学問として成り立たない」という教育学者は見出しにくいが、これは自己の存在意義を抹殺することになるからであろう。

長尾十三二日本教師教育学会初代会長によれば、教育学は「語源的にも、児童教導のための技術論の体系」である。義務教育制度の下でこの技術を身につけた専門的な職業人が必要とされ、彼らを養成する学校では教育学が不可欠の教科となるなど、「『教職』も『教育学』も、ともに義務教育制度に従属して成立してきた」。その結果、い

まだに「義務教育学校主体の教育学からの脱却」ができないでいる。(4)

現実には元宮城教育大学長が「教員養成現場の痼疾である」と慨嘆したくらい国立教員養成大学・学部の教員たちには「『教育嫌い』『研究者志向』の傾向が強い」ようである。(5) これは教科教育担当の教員には教員養成学部が本意とする職場ではない者が多いためであろう。教職専門の教員で教職科目の実践性を全面的に否定する者は稀である。

それどころか、教職大学院の多くが専攻名を（高度）教職実践、教職実践高度化、教職開発などとし、なかには研究科の名称まで教職実践、教育実践開発、教育実践とするところもあるなど、いずれも実践志向を強く打ち出している。

ただし、一口に教育学あるいは教育研究といっても、専門分野によって実践との関係には濃淡があるため、教育学（研究）が全体として担うべき研究課題とそのなかにおいて教育経営学が分担すべき課題の位置づけについて検討する必要が生じる。

教育経営学の位置づけ

まず、教育哲学者の森昭大阪大学教授はこれを「教育学が解答すべき問題」として以下の七点に整理している。(6)

ア）誰が誰を教育するのか（教育活動の主体と対象）。イ）どこで、いつ教育を行うのか（教育の場所と時期）。ウ）何をいかに教えるのか（教育の内容と方法）。エ）いかなる仕組みで教育を施すのか（教育的な集団の組織）。オ）公教育の政策と行政及び教育運動に関する問題。カ）何を目指し、何のために教育をすべきか（教育の目的・目標）。キ）教育とは何か（教育の意味）。

次に、1948年に東京大学が発足させた教育学部設立委員会の委員として教育学部編成計画案の作成に当たった海後宗臣は、教育関係諸学の体系を次のように描いている(7)。

ア）最も基本的な研究＝教育哲学（教育の意味・価値・目標・内容編成の基本原理）、教育史学（地域別・時代別）。イ）より実体に近い基礎研究＝教育心理学、教育生理学、教育社会学、比較教育学。ウ）教育実践を対象とする研究＝学校制度学、学校教育学（教科別教育学、教育内容方法学）、学校経営学（学校の運営）、社会教育学（社会教育学、職場における教育、社会生活機能の中の教育）。エ）教育政策を対象とする研究＝教育政策学、教育行政学、教育財政学、教育経済学、教育法学。

さらに、1971年に東京教育大学教育学科が作成した筑波大学への移行に伴う「教育系設置計画案」は次のとおりである(8)。

1）教育基礎学＝教育哲学、教育史学（日本、外国）、比較教育学。2）教育環境学（又は教育社会学）＝教育社会学、教育調査、社会教育（家庭教育を含む）。3）教育経営学＝教育政策学（教育行財政、教育計画を含む）、教育制度学、学校経営学。4）教育方法学＝教育方法学、教育工学、教育臨床学（生活指導を含む）。5）応用教育学（後に教科教育学となる）＝「社会認識と道徳」「言語と情報」「芸術と情操」「論理と数学」「自然と法則」研究。

以上の三案が示す教育学の研究課題のうち教育実践と直接かかわるとされているのは、森案の「③何をいかに教えるのか」、東大案の「ウ）教育実践を対象とする研究」、筑波大学案の「4）教育方法学」および「5）応用教育学（後に教科教育学となる）」だけであり、教育研究のすべてが教育実践に直結するものではないことが知られる。

注目されるのは東大案では学校経営学（学校の運営）が教育内容・方法と一緒に学校教育学に含められているのに対し、筑波大学案では学校経営学が教育政策学（教育行財政および教育計画を含む）および教育制度学とともに教育経営学の一部とされていることである。

学校経営の実践性と教育行政からの自立性を強調したいのであれば、教育政策や教育行財政などと一緒にするよりは教育実践を対象とする研究領域（東大案では学校教育学、筑波大学案では教育方法学）に位置づける方が筋も通るし、わかりやすいと考えられるが、筑波大学案はなぜか違っている。

ちなみにこの筑波案における教育経営学の目的は「組織的教育の維持・発展のために、教育を支える諸条件を明確な科学的方法でとらえ、これを構造的に位置づけ、要因の働く展開過程とその過程に作用する統制機能を究明することによって、教育の科学的研究に資することをめざす」となっている。

臨床教育学ブーム

観念的と誹られがちな教育学、教育研究ではあるが、同時に従来から実践性を重視する傾向が強かった。とくに１９９０年代に入る頃から臨床的アプローチの必要性が強調されるようになった。日本教育学会が臨床教育をテーマにシンポジウムを開催し、課題研究委員会を設置しただけでなく、臨床や実践を冠する教育関係の学会が相次いで発足した。

このように教育学界で「臨床」が流行りだしたのは、心理学や社会学など隣接分野の動向に刺激されたことに加えて、ほぼ同じ時期に進行していた教員の教育実践力涵養を重視する教員養成・研修改革への対応という政治的背景もあった。(9)

制度的には１９８８年に京都大学大学院教育学研究科に臨床教育学専攻、１９９４年には武庫川女子大学大学院に臨床教育学研究科が設けられたのをはじめ、臨床教育学という名の専攻や講座を設ける大学が増え、一種のブームとなった。

その結果、総合的な人間発達援助学であることを目指す日本臨床教育学会、学習者・教授者の生の姿を記述・分析することで教育現場に影響を与えることをめざす臨床教科教育学会など、臨床を冠した教育学会が続出した。

また、筑波大学が最初といわれる「臨床教育 clinical science of education（教育臨床ともいう）」は、養護教諭、生徒指導担当教諭、スクールカウンセラー、教育相談員などが行う心理教育的な援助であり、臨床教育学とは「一言で言えば人間発達援助学である」という[10]。

このように臨床教育学はその内容が多種多様であるだけでなく、教育実践学との違いが明確ではない。教育実践学会、日本学校教育実践学会、幼年教育実践学会、幼児教育実践学会、日本学校音楽教育実践学会など、教育実践を冠する学会も理論と実践の乖離に対する批判に立脚している点だけは共通している。

また、国立の教員養成大学（学部）には教育実践総合センターが置かれているが、なかには教育臨床総合センター（愛知教育大学）、総合教育臨床センター（京都教育大学）などと称するところもあり、教育実践と教育臨床との違いが定かではない。「臨床」を冠した学会やセンターと「実践」を冠したそれとどこがどう違うのか、外部の人間には理解しにくいが、実践志向というだけなら「臨床」より「実践」の方がわかりやすい。臨床と称するのが悪いというのではないが、それによって内容が改善されることが示されなければ実質的な意味はなく、その効果は自己満足にとどまる。

実践とか臨床などといわなくても教員養成機関における教育研究が教育実践に役立つものであるべきなのは改めて述べるまでもない。附属学校が置かれるのもそのためである。国立大学が法人化する前の国立学校設置法施行規則27条も「附属学校は、その附属学校が附属する国立大学又は学部における児童、生徒又は幼児の教育又は保育に関する研究に協力し、及び当該国立大学又は学部の計画に従い学生の教育実習の実施に当たるものとする」と規定していた。

この協力研究には大学側の研究に附属側が協力する場合と附属側の研究に大学側が協力する場合があったが、いずれの場合も現場を踏まえた研究であるところに特色があり、しばしば臨床的研究と呼ばれていたという[11]。

臨床的教育経営は成り立つか

それはさておき、臨床ブームは教育経営学にも影響を強めてきているようで、最近では研究方法の筆頭に「臨床的アプローチ」があげられている。[12] したがって、教育経営学でいう「臨床的（clinical）」とはいかなる意味であるのかが問われる必要が出てくる。

日本教育経営学会編の『講座　現代の教育経営』では次の二つの意味を指すとしている。[13]「①現実をよりよいものにすることに資する。②外側から客観的にものを眺めて把握するのではなく、自ら現場にコミットして、相手との関係のなかで考える」。

そのうえで、「教育経営研究は、①の意味でもともと臨床学的な性格を有し、実践性を標榜してきた。しかし、②の意味では臨床（的）を志向してこなかった。臨床的アプローチの出発点には、学校経営実践に資する・寄与すると実践性を標榜してきたにもかかわらず、現実の課題にうまく応えられない従来の教育経営研究に対する批判や反省がある」と述べている。

そうだとすれば、実践的アプローチで足りるし、その方がわかりやすいにもかかわらず、なぜか臨床という用語がそれもきわめて特異な意味に使われている。

一般には臨床といえば文字どおり「病床に臨むこと」（広辞苑）、「病人の床のそばに行くこと。また、実際に病人を診察・治療すること」（国語大辞典）であり、臨床医学とは、「基礎医学に対して、病人を実地に診察・治療する医学」（広辞苑）である。臨床教育学を英語に直訳すればclinical pedagogyとなるが、これでは通じないといわれる。

「臨床」（clinic）はベッドサイドという語源からもわかるように本来医療用語で「治療と介護」（cure and care）を意味し、司法関係で臨床尋問（clinical examination）という場合も「裁判所が病床にある証人のところにおもむいて尋問すること」（国語大辞典）を意味している。

現在では臨床心理学（clinical psychology）などという用語も使われるようになったが、ベッドに寝ているのでなく椅子に座している場合でも、クライエント個人を対象にしている点は共通している。その点で基本的に集団的な活動である教育経営に関して「臨床的」研究なるものがはたして存在しうるのかということ自体多分に疑問である。

仮に存在しうるとしても従来の教育経営学は基礎教育経営学と臨床教育経営学の二分野から構成されることになるのか、それとも全面的に臨床教育経営学なるものに転換するのか。前者だとすればそれぞれいかなる内容となるのか。後者だとすれば基礎のない臨床だけの学問はありうるのか、が問われよう。

なお、教育経営学では研究者と実践者が対等の立場で協力するものであることが強調されるが、指導する者とされる者の立場は対等ではないし、対等者間の協力を教育と呼ぶのは適切でない。また、教職大学院における教育経営学の臨床教育に関してはそれが可能だと主張するには、どのように行われるのかが具体的に示される必要があろう。

医師養成における臨床教育は附属病院および臨床研修病院において指導医が研修医を指導する制度であるが、指導する者と指導される者の関係は対等ではあり得ない。さらに指導医と研修医の間に研修助手や上級医が入るなどより重層的なヒエラルキーを形成している場合もある。

② 実践性と学術性の両立

教育実践の学

教員養成に携わる人々によく見られる特性は、相克しがちな二つの欲求を併せもっていることである。それは学校現場における実践に役立つような教育実践をしたいという意欲と、自分が行う研究を学術的なものにしたいという欲求である。いずれももっともであると同時に、両立は至難な欲求である。

教育関係の研究のなかでも教育経営学は実践志向が際立って強い。これは隣接する研究分野とされる教育社会学や教育行政学などと比べてもいえることである。経営学もまた他の社会科学と比べて実践に役立つことを看板にしており、この点で教育経営学は名称だけでなく性格も経営学に似ている。

日本教育経営学会は2006年から「教育経営の実践に対する貢献を学会活動として正式に位置づけてその内容を確かなものとするため」実践推進委員会を発足させ、「校長の専門職基準」などを作成した。さらに、2012年には会則第2条を改正、「教育経営に関する諸般の研究を促進し、研究の連絡、情報の交換を図ること」から「教育経営の研究と実践を促進し、その普及を図ること」に変更した。

ちなみに全国連合小学校長会は「職能の向上と初等教育の充実刷新」、全日本中学校長会は「中学校教育の振興」、全国高等学校長協会は高等学校等の「教育の振興」を目的としており、日本教育経営学会が「実践の促進や普及」を目的とするというのは、そうした校長会など職業団体の事業とあまり変わらない。

教育経営学がこれほどまで教育実践に直結しようとするのは、それが本来教員養成の学だからであろう。教育経営学は戦前の師範学校・高等師範学校における学校管理論や学校経営論から発して、戦後は教員養成大学・学部、最近ではとくに教職大学院の必須科目となったものである。

しかし、教育経営に限らず経営問題一般に通ずることであるが、実践問題の解決に資するとか理論と現実の統合などと口で言うのはやさしいが、実際に行うのはまず不可能に近い。そもそも経営学がそれほど実践に役立つのであれば、経営学者は大学で経営学などを講じるよりも自ら企業を経営しているであろう。

その一方で、教育経営学会は重要な教育問題について「会員それぞれに個人的な見解がある」という理由から学会としての対応ができないでいるという[14]。教育関係の政策について研究や調査を実施する、あるいは会員間の徹底した討論を行うなどを通じて学会として対処することなく、学会員に共通する利害関係のある問題にしか反応しないのでは、学会というより職業団体と呼ばれて然るべき存在であろう。

高い学術性？

日本教育経営学会は教育実践の学としての教育経営学の有用性を謳うのと同時に学術性をも強調している。たとえば、創立60周年記念事業である〈講座　現代の教育経営〉の冒頭に掲げられている会長名の「刊行に当たって」では、「学術団体である学会の」「学術的議論の成果」「学術的発展」「学術書籍」など、「学術性」を強調する語句が目立つ[15]。

これはむしろ教育経営学会の学術性がさほど高くないというコンプレックスから発せられた言葉であろう。そうでなければ学会として当たり前なその種のことを再三再四繰り返す必要はないからである。

ちなみに学術とは普通「学問と芸術」をいうが、法令上は学問および技術、あるいは学問およびその応用という意味に用いられており、文部科学省設置法3条、地方教育行政の組織及び運営に関する法律21条では教育、文化、宗教と対比する意味で使われている[16]。

また、学術団体とは学術の研究または奨励を主な目的として組織された学者およびその援助者を含めた団体、実践とは人間が考えたことを自分で実際に行い、あるいは行動を通じて環境を意図的に変化させることをいう。

旧制大学において教育学が所属した文学部は基本的に哲学・史学・文学の三領域か

ら構成されていたが、教育学は心理学や社会学と並んで新参者であったがゆえか、一段低く見られる嫌いがあった。前に引用した西尾幹二の「教育など学問ではない」というのもその流れを汲んでいる。

私も若い頃にギリシャ哲学の権威から「心理学・社会学・教育学などは学問ではない」と言われたことがある。有用性を直接の目的としないのが本当の学問だという考え方にも一理はあると思い、以来大学側の命名による場合は別として、大学における講義の名称はすべて○○論で通し、○○学としたことはない。

それはさておき、今日のように大衆化した大学における研究と教育の両立はそれ自体容易でないが、研究において学術性と実践性を両立させるのはさらにむずかしい。そのためか、口では「研究と実践の往還」などと言うものの、現実には理論と実践の乖離はいっこうに解消していない。

これと関連して教育経営学会が誇りとする小・中・高現職教員の入会増加も同時にいくつかの問題を生み出しているようである。たとえば、研究者としてのモラルに欠ける会員の出現、具体的な実践にすぐ役立つツールやプログラム、マニュアルの開発などに焦点化した研究、短期的な成果を求められる環境のなかでの蛸壺的な研究、などの激増が指摘されている(17)。

教育経営学者には教職大学院関係者が多いようであるが、専門職大学院は「高度の専門性が求められる職業に就いている者、当該職業に関連する事業を行う者その他の関係者の協力を得て、教育課程を編成し、及び実施し、並びに教員の資質の向上を図るもの」であり、そのために「学術の理論及び応用を教授研究」するものの、学術の「深奥をきわめる」ことは任務としない（学校教育法99条2項・3項）。

その意味では同条1項の大学院と比べ実践性が濃く、学術性は薄い。「学術ノ理論及応用ヲ教授シ並其ノ蘊奥ヲ攻究スルヲ以テ目的」（大学令1条）とした旧制大学よりは「高等ノ学術技芸ヲ教授スル学校」（専門学校令1条）であった旧制専門学校に近い性格のものといえよう。

前述した筑波大学案のように教育経営学が教育行政や社会教育まで対象に含むのであれば、実践人の範囲は学校教職員だけでなく教育委員会や社会教育施設の職員、大学教員など多岐に及ぶことになる。藤原文雄は「このようにパートナーの広がりを視野に入れれば、教育経営学が役に立つフィールドの豊かさが理解できよう(18)」と述べているが、逆にこれだけ多様な人々の実践に役立つことは至難の業といえよう。

教育経営学者の実践志向

　学校現場の人たちだけでなく、大学の内部でもとかく観念的な学問のように見られがちな教育学ないし教育研究であるが、とくに教育経営学者には実践志向の者も珍しくない。一例としてあげれば、東北大学教育学部学校管理講座の教授だった皇晃之は彼の退官記念論文集の序文で次のような見解を述べている。

「一般的に言って、わが国のいわゆる教育学者は、大学以外の学校での教職経験をほとんどの人が持っていない。その当然の結果として、学校教育の現場の実状に暗く、現実に各学校や教師たちが、何を求め、何を必要としているかについて、関心も薄く、認識も不十分であるように思われる。その説く教育学は、徒らに観念的・高踏的であって、真に教師たちの血肉となり、直面する課題を解決し、教育を前進させるだけの内容と方法と魅力に欠けている。『教育学者の教育知らず』、『教育学の研究いよいよ盛んにして教育いよいよ衰微する』として軽視されるゆえんでもある」(19)。

　東京帝国大学文学部教育学科を卒業後、小学校の代用教員・訓導を約7年間も務め、特殊学級も担任した人だけに、「他の学問分野はいざ知らず、教員養成の必修科目としての教育学は、学校や教師の現実をゆり動かすほどの内容を備えていなければならない」というのも傾聴に値するが、それではこの論集がそうした内容のものかといえば首を傾げざるをえない。

この記念論文集の内容は東北大学教育学部教育行政合同研究室（教育行政学、学校管理、教育内容の三講座）による調査研究であり、校長職、教頭職、学校事務、市町村教育委員会の調査研究、後期中等教育の現状と課題という構成になっている。

このように、『学校教育（学校運営）の実態』と題するのがふさわしい内容であるにもかかわらず、なぜ「教育経営の実態」としたのか、そもそもそこでいう教育経営とはいったい何なのかについて一言も述べていない。また、この実態調査はそれなりの価値が認められるにしても、それがただちに学校の現実を揺り動かすというものではない。

それに、教育研究は現場密着型であればよいとは限らない。教職体験が長く学校現場を知悉している人材が望ましいというのであれば、校長等の経験者がよりふさわしいことになる。現に教職大学院には「専攻分野における実務の経験を有し、かつ、高度の実務の能力を有する者」（専門職大学院設置基準5条4項）を置くことを義務づけられている。

しかし、現職教員が教職大学院で教職ＯＢの指導を受けるということは、学校現場で先輩教員の指導を受ければより効率的にできることをわざわざ大学に出向いて行うものであり、考えてみれば変な話である。現に学生の間には実務家教員の陳腐化した体験談より理論的な講義を受けたいという意見が強いという[20]。

それはさておき、教員養成に携わる者が大部分であるためか教育学者には実践志向が強い人が多い。教育経営学者の実践志向もそうした伝統を受け継ぐものであろうが、その裏返しとして〝反理論的偏向〟を招きやすい。

この問題に関連するが、筑波大学で学校経営学を担当した朴聖雨教授が教育経営学について批判的である。日本における「教育学、教育経営学の研究の目的が、知識や理念の発見、形成よりは、具体的な現実問題の解決に直結しなければならないとする」傾向が強いのは、理論への無関心や無理解から生じているとし、次のように述べている。

「研究の目的が、『理論の形成』ではなく、直接的な『実践効率の向上』であるとする誤解である。科学の直接的目的は『理論の形成』であって、『人類の福祉追求』ではない。『人類の福祉追求』は、科学を手段の一つとして活用する『人間』の目的なのである」[21]。学生たちの一面的理解を反省させる言葉といえよう。

大学における教育実践

教育経営における研究と実践という場合のもう一つの問題は、研究者と実践者の関係である。これについて大脇康弘大阪教育大学教授は次のように述べている。(22)

「教育経営研究においてこの20年間、理論と実践の融合、研究者と実践者の協働、大学と学校との連携協力が課題」とされ、「学校経営研究者は研究者として学校現実とどのように向き合い、いかに関与するのか」その「役割や立ち位置が厳しく問われている」。学校評議員や学校運営協議会委員などを引き受け、学校評価、授業評価の助言者となるなど、「研究者の社会的役割が拡充されるなかで、研究の臨床性・実践性志向が強まり、その理論的有用性、研究者の当事者性が問われるようになった」。

これからもうかがえるように、教育経営学で研究と実践の関係が論じられる場合、学校現場とは小・中・高校など、実践者とはその教員であり、大学自体は教育実践の現場ではなく研究の主体と考えられてきた。しかし、若者の大部分が大学に進学するようになった今日、ほとんどの大学はもはや学問研究に専念できる場であり得ない。

高校生どころか中学生の学力も持たない者が大勢入学しているだけでなく、なかには成人としての常識や日常的な生活習慣さえ身につけていない学生も少なくない。就職目当てであればまだしもなかには無目的な学生もいる。自覚的な探究心、自立的な思考力、創造的な資質などを有する学生など希有の存在であろう。

今や大学自体が厳しい教育実践の現場なのであり、大学教員はそれに立ち向かうべき教育実践人なのである。そうである以上、大学外部の教育現場に出向き、そこでの教育実践にかかわる以前に、大学における「教育現実とどのように向き合い、いかに関与するのか」が問われる必要があろう。

教育実践を志向するのであれば、大学という現場で優れた教育実践の成果をあげてみせる。研究第一を貫くのであれば実務家教員では及びもつかぬような高い水準の研究成果を示す。そのいずれかによって自律的教育実践ができる教員を育成することこそが、教員養成に携わる大学教員のあるべき姿であろう。

ところが、最近の大学教員には自分の教育実践が不十分なことの言い訳に研究への没頭をあげ、研究成果の乏しさを重い教育負担のゆえとする者が少なくない。研究と実践の関係で最大の問題はむしろこれであろう。

3 法規不在と法令依存

法令では用語の区別がある

既述したように学校管理運営関係の用語は今もなお混乱が続いているが、それは教育界の話であり、法令では用語の区別がある。周知のように教育行政には学校教育行政および社会教育行政が含まれ、前者には学校設置者としての管理作用のほかに学校に関する規制および助成の作用がある（文部科学省設置法、地方教育行政の組織及び運営に関する法律）。

「一般に、事務について〝管理〟というときは、その事務の目的に従って、これを処理し、又は執行すること」（内閣法3条1項、国家行政組織法5条1項など）、また、行政法上の管理は一般に国又は地方公共団体が行う事業経営や物的設備の維持管理など（地方自治法149条6号など）を意味する。[23]

学校管理は「学校をその本来の目的に従って維持、運営する作用」であり、その内容は設置・廃止を含まず、人的管理・物的管理及び運営管理に分類される。「学校の管理権は設置者の権限に属する（学校教育法5条）」「設置者の機関が学校の管理権を行使する」[24]。

したがって、学校管理は学校に対し設置者である地方公共団体や学校法人等の管理機関（教育委員会や理事会など）が行う作用であり（地方自治法2条2、3、5項、私立学校法36条）、学校その他の教育機関は教育等を主目的とし、「専属の物的施設および人的施設を備え、かつ、管理者の管理の下に自らの意思をもって継続的に事業の運営を行う機関である」（昭和32年6月11日委初158文部省初等中等教育局長回答文書）。

一方、「運営」は「団体、機関その他組織又は機構がその機能を発揮するように、それを活動させ、働かせていくこと」で、用例としては「地方公共団体の組織及び運営」（憲法92条）、「公務の民主的且つ能率的運営」（国家公務員法1条1項）などがある[25]。

地方教育行政機関や教育機関の「運営」は1952年の改正文部省設置法に規定され、現行の文部科学省設置法では地方教育行政の「一般的運営」（4条3項）、地方教育公務員の「制度の運営」（4条5項）、私立学校行政の「一般的運営」（4条28号）などが見られる。「学校の運営」は学校運営協議会（地教行法47条の5）など個別学校内部における活動に使われ、教育機関の維持と活動の全体をさすときには「管理運営」と呼ばれる（地教行法33条）。

また、「学校の経営」は自ら財源の調達を行う学校法人及び国公立大学法人等に関して用いられている（私立学校法25条1項及び26条1項、国立大学法人法20条、地方独立行政法人法77条）。

このように、法令上は区別して使われているにもかかわらず、教育界ではとくに公立学校に関して用語に混乱が生じているのは、主に関係者が明確な基準も示さないままに自分の主観を投影し、希望を混入するようなかたちで恣意的に使ってきたからである。理由がある場合は法令上の規定と同じでなくてもよいが、意味を明確にしてから使用すべきであろう。

法規に触れない教育法規辞典

このように学校管理運営関係の用語に関して法令では区別されている以上、教育関係の辞（事）典を繙けば少なくとも法令上の違いはわかると思われがちだが、実際には必ずしもそうではない。というのも辞（事）典では関係用語の項目があっても、法規定には触れないものが多いからである。

それどころか、教育法規辞典と題しながら掲載項目に関する法規定に言及しないものさえある。たとえば『教育法規大辞典』(26)には教育行政、学校管理、学校運営、学校経営、教育経営の各項目があり、それぞれ専門の研究者が以下のように説明している。

まず、「教育行政」は国や地方公共団体が教育政策の定立、教育法令の制定およびそれらの現実化・具体化を図る機能である。教育政策を教育法令に準拠して実現する教育行政の機能には三つの作用がある。教育水準維持のための規制、教育事業振興のための助成、自ら教育事業を行う実施、がそれである（松井一麿東北大学教授）。

また、「学校管理とは、学校教育の目的の達成をめざして、学校の諸活動に関する人的物的諸条件を整備し、組織・運営を行う作用」、学校運営は「学校における各種の教育活動を、実践に即して適切に展開し、教育目標を達成するために、必要な学校の人的、物的、財政的諸条件を、効果的・能率的に推進する作用である」（永岡順文教大学学長）。

さらに、「学校経営」とは、教育活動を計画し、それを実施するのに必要な条件を整備し、それらの「機能を目的実現に向けて目的意識的、計画的、そして継続的に発揮、充実させる行為」であり、「教育経営」とは、「各教育機関がその目的を実現するために行う経営行為である」（小島弘道筑波大学教授）。

以上のような説明では「教育行政」は別として「学校管理・学校運営・学校経営・教育経営」の違いを理解するのはむずかしい。恐らく筆者たちもそのことを意識しているのであろう。以下のような弁明をしている。

「学校管理の概念や内容は、論者によって必ずしも一致せず、異なった解釈がなされている。従来から学校管理は学校経営という用語との関連で、多様にとらえられてきた」。学校運営は「学術上の用語としては必ずしも熟したものとなっていない」。それに「解釈が人によって異なるところがある」（永岡）。教育経営は「実際には多様な意味をもって語られて」おり、「理論的にも実践的にも解決しなければならない課題は多い」（小島）。

教育界で使われる学校管理運営関係用語は意味が多様で確定していないというのはそのとおりであるが、不思議なのは永岡が「学校運営」に関して「この用語は『地方教育行政の組織及び運営に関する法律』（48条②Ⅱ）の規定にも用いられている」と述べている以外は、どの説明もそれを規定する法律の条項に言及していないことである。

この辞典の編者は「教育経営辞典、教育制度辞典、あるいは学校経営辞典としてもご利用願える」と述べているが、この三辞典がどう違うのか明らかでない。それにしても『教育大辞典』ならまだしも、『教育法規大辞典』の項目である以上、関係する法規定に触れないのは不適切といわざるを得ないが、これも執筆者が教育経営学者であるためであろう。

学会の存続は省令頼み

「教育経営」という用語は意味不明確なまま戦後の教育界に浸透し、教育学者だけでなく文部官僚によっても使われるようになった。その結果、法律にはないが、文部（科学）省令等では国・公立学校関係でも経営という用語が用いられている。ただし、いずれの場合も定義はされておらず、その意味は定かではない。

古くは「国立大学の学科及び課程並びに講座及び学科目に関する省令」（1964年2月25日公布、2002年4月1日廃止）に教育経営学（名古屋および広島大学）、学校教育・学校経営（東京教育大学）、学校管理（東北大学）という講座名が規定されていた。類似の内容の講座が大学によって名称が違うのはそれが大学側の申請に基づくことをうかがわせる。

次に、私が勤務していた国立教育研究所に1989年度から一時期「学校経営、教職、選抜方法、高等教育」の4研究室で構成される教育経営研究部が置かれたが、この場合も教育経営の意味および学校経営との関係は不明であった。

教育職員免許法施行規則6条に幼稚園、小学校、中学校、高等学校の教諭普通免許状を取得するのに必要な教職に関する科目として「教育に関する社会的、制度的又は経営的事項」が、72条には大学院で取得可能な専修免許状の専攻分野として「教育制度・学校経営」が規定されている。

これは1987年12月18日の教員養成審議会答申に基づいて翌年改正された規定であるが[27]、同審議会の新井郁男委員によればこれは教育社会学会、教育経営学会、教育制度学会が文部省に申し入れて実現したものだという[28]。

日本教育経営学会常任理事の青木栄一東北大学教授が「教職課程の『経営的事項』という制度的裏付けがあるかぎり、このアイデンティティ問題は棚上げ可能である」。「免許・資格制度が研究のあり様を規定」していると指摘しているとおり[29]、教育（学校）経営学者は学校管理理論を法令準拠主義として批判しながら実は意外に法規依存なのである。

現職研修では独立行政法人教職員支援機構（旧教員研修センター）が校長、副校長・教頭、中堅教員、次世代リーダー、事務職員を対象とする「学校経営研修」を実施しており、都道府県の教員研修センターや教育センターなどでも同種の研修事業が行われている。

ごく最近では「社会教育主事講習等規程」の改正で2020年度から「社会教育経営論」が新設され、社会教育主事講習では2単位、社会教育主事養成課程では4単位が必修となった。社会教育経営の定義[30]は明確でないが、それまであった「社会教育計画論」の代わりであり、社会教育行政における戦略的な取り組みの必要性を強調する意味がある。

文部科学省が出した規程の概要に関する通知によれば、「社会教育経営論」の目的は「多様な主体と連携・協働を図りながら、学習成果を地域課題解決や地域学校協働活動等につなげていくための知識及び技能の習得を図る」、主な内容は「社会教育行政と地域活性化、社会教育行政の経営戦略、学習課題の把握と広報戦略、社会教育における地域人材の育成、学習成果の評価と活用の実際、社会教育を推進する地域ネットワークの形成、社会教育施設の経営戦略等」である。

英訳を考えてみればわかるように「社会教育行政の経営戦略」とは理解に苦しむ表現である。また、「経営」という語に戦略的な意味を託している以上、「社会教育施設の経営戦略」というのも意味が重複する。説明されているような目的および内容であるなら科目名は「社会教育経営論」より「社会教育行政論」の方が適切であろう。

学会員により異なる「教育経営」

これまで述べてきたように教育経営学の多くは教育事業の経営学的研究というより「教育経営」と称されるものの研究であろう。ところが、学会長など教育経営学会の要職を占める有力会員たちの見解は研究対象とする教育経営とは何かという最も肝心な点についてさえ、以下に述べるように大きく分かれている。

たとえば、教育経営の意味については、学校経営、教育行政、社会教育経営を含む広域概念（牧昌見、浜田博文）、学校経営を地域社会や生涯学習など広い観点から捉えるという説（河野重男、金子照基）、教育を学校経営の核心部分とする説（小島弘道）、教育行財政・学校経営研究＝公教育経営とする説（堀内孜）など、学会幹部の間でも幾通りもの説がある。

ちなみに堀内は拙著『教育政策研究五十年』[31]の書評で「著者の研究の全体構造は、まさしく『公教育経営学』と言うべきものである」と述べている[32]。となると、私も教育経営学者ということになりかねない。

しかし、私は『教育政策研究五十年』においてそれまで研究してきた領域として、「教職員と教育運動、教育行政の管理と運営、教育財政と教育経済、公教育と私教育、生涯教育と教育環境、高等教育と特種教育、教育の比較と比較教育、教育政策と教育改革、公教育の目的と未来環境」を挙げている。

これに対し、堀内は「教育制度、教育行政、学校経営を包摂する」のが公教育経営の全体構造であるとし、彼の編著『公教育経営概説』も「公教育の歴史と制度、公教育の政策と法制、教育行政の組織と機能、学校経営の組織と機能」の4部構成となっている[33]。一見して対象とする領域からして違っているが、高等教育と私学教育の欠落が目立つ。

教育経営の定義

小島によれば教育経営は「広義には公教育経営として国、地方公共団体、さらには学校を含む各機関が教育を経営することを意味する。狭義には学校など教育機関で行われる教育の経営を意味する」。「日本教育経営学会は、教育経営について、広狭いずれの考えも包み込んでいる。公教育経営と学校単位の教育経営の両者を含めた研究を進めている」という[34]。

また、教育経営学は「教育政策や教育行政、教育法を対象とする」「マクロな意味での公教育経営」と「ミクロな意味での学校など教育機関で行われる教育経営、一般的にいえば学校経営がある」。「前者は、日本教育行政学会や日本教育政策学会、日本教育法学会も取り組む領域であるが、後者の学校経営は、主として日本教育経営学会が研究対象とする領域である」[35]。

学校経営などミクロな意味での教育経営を対象領域とするのはわかるが、マクロな意味での公教育経営までを対象にしなければならない理由が定かではない。教育経営が自律的である必要性、妥当性を鮮明にすることを課題としているからだというのであろうが、これは教育研究一般に通じることで教育経営研究だけの課題ではない。「1956年制定の地方教育行政法による集権的教育行政と教育指導行政の後退は教育と学校経営の自律性への危機意識を生み、自律的に学校を運営するレーゾンデートルを『教育経営』に求めた。学校経営研究において教育経営が学校経営の核心をなすという言説が教育経営研究の本流、もしくは1つの大きな流れをつくった」[36]というのは狭義の教育経営であろう。

このように強い危機意識に促されて学会が結成されたにもかかわらず、学会結成後60年以上にもなる時点でなお「教育経営の考え方や概念は多様で、一定していない」というのとどういう関係になるのか。

ちなみに、小島の編著[37]には彼の専門が「学校経営学　教育経営学」となっており、両者は別の学問のように解されるが、はたしてどうなのか。それと関連して東京教育大学の学校経営学講座は筑波大学に移行してからも学校経営研究室を名乗っており、研究会は「大塚学校経営研究会」、出版物は『学校経営研究』であるなど二枚看板が茗渓系組織の基本方針のようである。部外者にその理由は定かでないが、先輩たちから引き継いだ伝統を尊重してのことかと思えるが、あるいは教育経営という名称がおかしいとなったときに備えての深謀遠慮かもしれない。

〈注〉

(1)西尾幹二『教育と自由』新潮社、1992年、29頁、38頁。
(2)沖田行司編著『人物で見る日本の教育』ミネルヴァ書房、2012年。
(3)村田栄一+教育工房編著『教育現場事典』社会評論社、1988年。
(4)長尾十三二「教師教育の危機に直面して」『日本教師教育学会年報』第1巻、1992年、8~9頁。
(5)横須賀薫「大学の教師の立場から」『日本教師教育学会年報』第1巻、1992年、27頁。
(6)森昭他編『現代教育思潮』第一法規出版、1969年、19頁。
(7)海後宗臣『教育学五十年』評論社、1971年、284~286頁。
(8)東京教育大学教育学部『東京教育大学閉学記念誌—教育学部—』1978年、72~73頁。
(9)村上祐介・橋野晶寛『教育政策・行政の考え方』有斐閣、2005年、83~85頁。

(10)中野良顕「臨床教育」今野喜清他編『学校教育辞典』教育出版、2003年、705頁。
(11)深川恒喜「附属学校の経営」海後宗臣他監修『教育経営事典第5巻』帝国地方行政学会、1974年、134頁。
(12)曽余田浩史「教育経営研究の方法」日本教育経営学会編『講座 現代の教育経営第5巻 教育経営ハンドブック』学文社、2018年、32頁。
(13)曽余田浩史「教育経営研究における臨床的アプローチの展開と今後の課題」日本教育経営学会編『講座 現代の教育経営第4巻 教育経営における研究と実践』学文社、2018年、14頁。
(14)水本徳明「教育経営学研究の組織と経営」日本教育経営学会編『講座 現代の教育経営第3巻 教育経営学の研究動向』学文社、2018年、183頁。
(15)浜田博文「刊行に当たって」日本教育経営学会編『講座 現代の教育経営第1巻現代教育改革と教育経営』学文社、2018年、i頁。
(16)山内一夫他編『教育法規辞典』学陽書房、1961年、34頁。
(17)水本、前掲論文、182頁、186~187頁。
(18)藤原文雄「教育経営学における教育経営実践への視線」日本教育経営学会編『講座 現代の教育経営第3巻 教育経営学の研究動向』151頁。
(19)皇晃之「序にかえて」『教育経営の実態』高陵社、1971年、3頁。
(20)竹内洋・佐藤優『大学の問題・問題の大学』時事通信社、2019年、111頁。
(21)朴聖雨『教育経営の理論』教育出版センター、1984年、118頁、122頁。
(22)大脇康弘「教育経営研究における理論知と実践知」日本教育経営学会編『講座 現代の教育経営第4巻 教育経営における研究と実践』学文社、2018年、26頁。
(23)吉国一郎「管理」津野修他編『法令用語辞典 第八次改訂版』学陽書房、2001年、109頁。
(24)岩間英太郎「学校管理」山内一夫他編『教育法規辞典』学陽書房、1961年、51頁。
(25)吉国一郎「運営」津野修他編『法令用語辞典 第八次改訂版』学陽書房、2001年、30頁。

(26)菱村幸彦・下村哲夫編『教育法規大辞典』エムティ出版、1994年。
(27)山田昇『戦後日本教員養成史研究』風間書房、1993年、489頁。
(28)新井郁男「学校と教師の研究」日本教育社会学会編『教育社会学の二十年』東洋館出版社、2018年、221頁。
(29)青木栄一「地方教育行政における教育改革にかかる研究動向と今後の方向性」日本教育経営学会編『講座　現代の教育経営第3巻　教育経営学の研究動向』学文社、2018年、91頁。
(30)田中雅文・中村香『社会教育経営のフロンティア』玉川大学出版部、2019年、58頁。
(31)市川昭午『教育政策研究五十年―体験的研究入門』日本図書センター、2010年。
(32)堀内孜「書評　市川昭午著『教育政策研究五十年―体験的研究入門』」『日本教育行政学会年報』第37巻、2011年、232頁。
(33)堀内孜編著『公教育経営概説』学術図書出版社、2014年、序。
(34)小島弘道「教育経営」今野喜清他編『学校教育辞典』教育出版、2003年、191頁。
(35)小島弘道「教育経営学」同右、191頁。
(36)小島弘道「教育経営研究者の養成」日本教育経営学会編『講座　現代の教育経営第4巻　教育経営における研究と実践』学文社、2018年、212頁。
(37)小島弘道編著『校長の資格・養成と大学院の役割』東信堂、2004年。

終章

学校経営学への期待

以上、教育経営学ないしは学校経営研究の問題点を指摘してきたが、最後に修正ないしは充足が望ましいと思われることを述べ、今後における発展を期待することにしたい。

対象を学校に絞る

真っ先にあげたいのは、これまでのように教育活動を手当たり次第に対象に含めるのではなく、研究の対象を学校に限定することである。日本教育経営学会には最初から研究の対象とする領域を最大限に拡大しようという姿勢が見られた。『教育経営事典』にも次のように書かれている。

「教育経営学においては、さしあたり主要な対象領域は学校教育の経営に向けられてはいるが、それだけにとどまるものではない」。「教育経営学の対象とする領域は、家庭教育、学校教育、社会教育にまたがり、また幼児教育から老人教育に至る過程を含み、しかもそれらを関連的、総合的に把握しようとする意図もみられる」(1)。

しかし、地域におけるすべての教育関連施設を経営する機関などは存在しないし、それらすべてを管轄するのは教育経営ではなく教育行政ということになる。したがって、学校教育だけでなく家庭教育や社会教育まですべての教育活動を対象とする教育経営学では教育行政学との区別がつかなくなる。

このことは第Ⅱ章の2で述べたように学校経営学から教育経営学への名称変更に伴って英文表記がすべてschool managementからeducational administrationになってしまったことからもうかがえる。教育経営学会の会長だった牧昌見も「教育経営の主なる経営主体は国及び地方公共団体である」としている(2)。

教育経営と称されるものの実態は教育行政にほかならないから、教育経営学は教育行政学とならざるを得ない。したがって、対象領域を学校に限定することによって存在理由が明確となるだけでなく、教育行政学との競合も避けられることになる。

実際にも社会教育施設の管理運営は社会教育学の主要な研究対象とされているし、教育経営研究なるものの大多数が対象としているのは学校経営、それも公立学校の運営である。

また実際には学校内部における学級経営や教科経営なども教育経営に含まれるようである。大学で教えられている教育経営学のシラバスなどを見てみると、教職課程であることからいって当然かもしれないが、学級経営が半分くらいを占めているものもある。

このように、一方で家庭教育や社会教育までを領域に含め、他方で学級にまで手を伸ばすのでは対象の範囲が広すぎるし、等しく経営と呼ぶのは性格が違いすぎて無理がある。そうした雑多な内容から脱却し、学校、それも公立初中教育を主要な対象とする学校経営学に徹するのが上策であろう。いわば21世紀の校長学である。

財務も視野に入れる

次に重要なのは教育（学校）経営の学と名乗る以上、原則として学校の財務機能をも研究の対象に含めることである。これまで教育経営学はその名に反して資金の調達などから目をそらしてきたが、これを対象に含めることによって教育経営学がいう経営も世間一般が理解する経営、法令に規定される経営とさほど違わないものとなる。

戦前の学校経営論でさえ学校経営の原則として純教育的原則および社会的原則と並

んで経済的原則および科学的原則を掲げ、「経済的な、能率的な学校経営」の必要性を指摘しているくらいである(3)。

具体的には経営にとって不可欠な資金の調達や入学者の確保などを研究対象に含めることである。学校も経営体である以上、そうした経営機能にも触れないわけにはいかないはずである。にもかかわらず、これまでの研究において無視されてきたのは主要な対象とされてきたのが公立の小・中学校だったからである。

しかし、私立学校が学校法人による経営であることに加えて、国・公立の大学・高専等も法人化により資金調達を含む経営主体となったことなどから、学校経営が本来的には財務機能を含むものであることが次第に明白になってきている。

公立の小・中学校に関しても学校経営という以上、原理的には私立や国立と同じにされるべきであろうが、現実には義務教育制度に由来する制約があってむずかしい。したがって、学会としては原理よりも現実に合わせるという選択もありうる。これは理解できるが、その場合には学会の名称を学校運営学会と称するのが似つかわしいといえよう。

労務論を補充する

第三は研究の内容に労務論を含めることである。公立学校の運営をめぐっては住民による教育欲求と教職員の職務遂行における専門性の尊重とが調和的に遂行されるための方策を探求する任務が学校経営研究に求められている。その場合、重要になってくるのが教職員の労働問題であるが、教育経営研究には肝心なこの労務論が欠落しているようである。

家内企業でもない限り、事業を経営するには所要の人員を雇用して働かせるのが普通であり、使用者と（被）雇用者、経営者と労働者の関係が生じ、いわゆる労使間の論争や協議が行われる。

このように経営と労働は通常ペアとなる存在であり、労働を抜きにした経営は考えられない。ところが、不思議なことに教育（学校）経営論にはなぜか教師専門職論は含まれるものの、教育労働者論は見当たらないようである。

たとえば、吉本二郎・永岡順編の『学校経営総合文献目録』(4)の「教職員」編は「教職・教師論一般、管理職、教員養成、教員団体、教員の勤務条件と人事行政、研究・研修活動、女教師、専門職としての教職論、事務職員」という構成になっており、教師＝専門職論はあるものの、教員＝労働者論はない。また、なぜか教員の人事は経営や管理ではなく行政になっている。

学校全体の経営にとどまらず、教育課程をはじめ各教科、学年・学級、特別活動、生徒指導、進路指導などにもそれぞれ独自の経営があるということになると、学校で働いている者は経営者ばかりで、労働者はほとんど存在しないことになってしまう。

近年学校教職員の働き方改革が叫ばれてきたにもかかわらず、掛け声ばかりで終わってしまい、いっこうに進展しない理由の一つが教職員＝経営者観にあると考えられる。教職員のほとんどが経営者であるとすれば、自分の判断で働いているはずである。したがって、勤務時間の超過も本人の裁量行為と解され、過労問題は存在しないことになってしまうからである。

こうしたことを考えると、改めて教職員の労働問題を適切に位置づけた学校経営学の出現が望まれるのである。

学術研究の実用性再考

第四に、学術研究と教育実践の関係が再考されて然るべきであろう。教育経営学では学術性が高くしかも実践に直結する研究の必要性が強調されてきたが、学術研究としての水準の高さが同時に教育実践にとっての有用性を示すものならばいうことはない。しかし、現実には両者がそう簡単に結びつくものではないことも冷静に認識される必要がある。

そもそも企業経営であれ、学校経営であれ、およそ経営には必ず成功する法則とか即効性のある処方箋のようなものは存在しない。どのような場合にも使えるような法則とか、こうすればうまくいくといった処方箋が存在するなら経営の必要がなくなり、それに伴って経営者も不要となろう。

およそ学説というものはすべて具体的な事象を抽象化し、論理的に表現したものであり、汎用性を有する反面で具体性に欠ける。したがって、それを参照するにしても自分の組織が置かれている環境や直面している状況、そこから生じてくる諸問題に適切に対応していくのが経営の課題であり、それができるのが経営者としての能力であり、手腕であろう。

対象が企業であろうと学校であろうと、理論や学説は平均的な組織や従業員を想定して構築されているのが普通だから、参考にはなるにしても個別の企業や学校にそのまま当てはまるとは限らない。成功した学校経営の具体例を紹介されてもそれを真似ればうまくいくわけではない。

また、客観的な知識や情報分析や基づく運営が必要とされる大規模組織とは違い、学校のように構成員の直接的な接触が重要となる小規模組織の運営では、マネジメントよりリーダーシップの方が重要となる場合が多い。そうしたリーダーとしての能力を経営の理論や学説の学習によって身につけることはむずかしい。

通常の公立小・中学校長等に当てはまるのは学校運営の責任者であって、経営者というより管理者・監督者としての職務である。能力・適性からいうならば、大規模組織の経営者は組織の理論や経営機能分析など客観的知識も欠かせないのに対し、小規模組織のリーダーは小規模集団と日常的に直接接触することから直感的な判断力が重要とされよう。

経営主体の明確化

最後に望みたいのは、とくに公立学校に関して個別学校の経営主体を明確にすることである。公立学校の場合、地方公共団体の行政事業として行われるため、私立学校と比べ具体的な経営主体が明確ではない。むろん教委と学校の関係は学校管理規則に規定されているが、教委側に学校経営者としての当事者意識がどこまであるのか定かでない節もうかがえる。

これには公立学校の場合、管理機関である教委と教育機関である学校とは物理的にも離れていることも預かっていよう。学校運営は事実上個別の学校に委任されたような状況になっているものの、設置者による学校の管理との関係が必ずしも明確ではないケースが少なからず見られる。

そのため、地域における学校経営ないし学校管理を関係者に実感させるための装置としてこれまでも公立学校の民営化、公立小・中学校の選択制、公設民営学校、地域運営学校など種々の改革案が出され、実験的に施行もされてきたが、いずれも一長一短であってこれまでのところ決まり手はないようである[5]。

その一方で学校関係者のなかには学校自体が独立した経営体であるかのように実感的に思い込んでいる者がいるだけでなく、「我が国の学校は、その経営権を教育委員会が吸い上げ、学校の裁量権は限られたものであった」[6]など、学校経営権なるものを唱える教育経営学者さえ存在する。

法人格がない公立学校や教職員集団が法律上の権利や権限の主体となることはあり得ないし、公立学校の校長が経営権を有するという法的根拠は見出せない。法令上の根拠を具体的に示すこともなしにいきなり「学校の経営権が奪われた」などというのは学校経営権神授説というほかなく、それこそ法規不在の教育経営学を実証するものであろう。
　現状のままで学校自体が経営権を有するという説は校長あるいは教職員が自由に学校を運営したいという欲求に応えるかのようであるが、法令上学校管理機関である教育委員会との協働関係をむずかしいものとする。また、学校教職員もそれぞれの領域に関して独立していることになると、統合的な学校運営も困難となろう。公立の小・中学校は国民形成を任務とすることから市町村に設置が義務づけられ、最大費目である教職員の人件費は都道府県負担、経費の3割は国庫負担となっているため、学校経営というよりは地方財政の問題として捉えられがちである。したがって、そうした問題を含めて公立学校経営に関する抜本的な改革案を検討することが学会の優先的研究課題といえよう。

〈注〉
（1）大嶋三男・児島邦宏「教育経営学」海後宗臣他監修『教育経営事典　第2巻』帝国地方行政学会、1973年、73頁。
（2）牧昌見「教育経営」高倉翔他編『現代学校経営用語辞典』第一法規、1980年、78頁。
（3）龍山義亮『学校経営新講』東洋図書、1936年、54～63頁。

（4）吉本二郎・永岡順編『学校経営綜合文献目録』第一法規、1977年。
（5）市川昭午『教育改革の終焉』教育開発研究所、2021年、「第Ⅴ章　公立学校の管理運営—学校選択と運営参加—」。
（6）小島弘道編『校長の資格・養成と大学院の役割』東信堂、2004年、12頁。

著者紹介

市川昭午（いちかわ・しょうご）

1930年長野県生まれ。1953年3月東京大学教養学部教養学科（国際関係論分科）を卒業。北海道大学助教授、東京教育大学助教授、筑波大学教授、国立教育研究所教育政策研究部長、同研究所次長、国立学校財務センター研究部長・教授などを歴任。

著書（共著・編著等は除く）

『学校管理運営の組織論※』『専門職としての教師※』（以上、明治図書）、

『教育サービスと行財政』（ぎょうせい）、

『教育行政の理論と構造※』『生涯教育の理論と構造※』『教育システムの日本的特質——外国人が見た日本の教育』『教育改革の理論と構造』『臨教審以後の教育政策』『未来形の教育——21世紀の教育を考える※』『教育基本法を考える』『教育の私事化と公教育の解体——義務教育と私学教育※』『教育基本法改正論争史』『大阪維新の会「教育基本条例案」何が問題か?』『教職研修の理論と構造』（以上、教育開発研究所）、

『高等教育の変貌と財政』『未来形の大学※』（以上、玉川大学出版部）、

『教育政策研究五十年』（日本図書センター）、

『市川昭午著作集』全7巻（※印及び『教育の財政と経済』）、『愛国心——国家・国民・教育をめぐって——』（以上、学術出版会）、

『エリートの育成と教養教育——旧制高校への挽歌』（東信堂）。

学校経営学への期待

2024年6月1日　初版発行

著　者　市川昭午
発行者　福山孝弘
編集担当　岡本淳之

発行所　株式会社教育開発研究所
〒113-0033 東京都文京区本郷2-15-13
TEL.03-3815-7041
FAX.03-3816-2488
https://www.kyouiku-kaihatu.co.jp/

装幀デザイン・組版　有限会社 北路社
編集協力　李　愛慶／村本洋介

ISBN 978-4-86560-593-8
落丁・乱丁本はお取り替えいたします。定価はカバーに表示してあります。